〈読む力をつける
ノンフィクション選〉

中高生のための文章読本

澤田英輔・仲島ひとみ・森大徳 編

筑摩書房

世界は一冊の本

長田弘

本を読もう。
もっと本を読もう。
もっともっと本を読もう。

書かれた文字だけが本ではない。
日の光り、星の瞬き、鳥の声、
川の音だって、本なのだ。

ブナの林の静けさも、
ハナミズキの白い花々も、
おおきな孤独なケヤキの木も、本だ。

本でないものはない。
世界というのは開かれた本で、
その本は見えない言葉で書かれている。

ウルムチ、メッシナ、トンブクトゥ、
地図のうえの一点でしかない
遙（はる）かな国々の遙かな街々も、本だ。

そこに住む人びとの本が、街だ。
自由な雑踏（ざっとう）が、本だ。
夜の窓の明かりの一つ一つが、本だ。

シカゴの先物市場の数字も、本だ。
ネフド砂漠（さばく）の砂あらしも、本だ。
マヤの雨の神の閉じた二つの眼（め）も、本だ。

人生という本を、人は胸に抱（いだ）いている。

一個の人間は一冊の本なのだ。
記憶をなくした老人の表情も、本だ。

草原、雲、そして風。
黙って死んでゆくガゼルもヌーも、本だ。
権威をもたない尊厳が、すべてだ。

200億光年のなかの小さな星。
どんなことでもない。生きるとは、
考えることができるということだ。

本を読もう。
もっと本を読もう。
もっともっと本を読もう。

『ポケット詩集』
田中和雄〔編〕、童話屋、一九九八年

はじめに

一冊の本が未知への扉となって、読み手を新しい世界に連れていくことがあります。みなさんもこれまでに、本の世界に深く潜りこんで、知らない学校の教室で親友を見つけたり、コンピュータの中で怪盗と戦ったり、人間が動物と話せた太古の世界で暮らしたりしたことがあるかもしれません。私たちが日々の生活に戻った後も、物語の世界で出会った彼らの息づかいを確かに感じられるのも、よくあることです。

そういう読書の楽しみは、物語を読む時にだけ訪れるものではありません。私たちの暮らす世界についての事実や考えを書いた本にも、読書の楽しみは存在します。本書では、物語ではないそのような文章を広く「ノンフィクション」と呼んでいます。そこには、人間と話せる犬や魔法使いは（今のところ）出てきませんが、同じように不思議と驚きに満ちた「物語」が隠れています。身近な植物の素晴らしい仕組み、一人では何もできないロボットの魅力、大災害に見舞われた時の肉親の死……。これらの「物語」を旅するうちに、私たちはやはりそこに深く潜りこんで、動植物について、人間について、社会のあり方について、以前とは違う角度から深く出会い直すことができます。そして、その経験によって、今いる世界の見え方や感じ方がまるで変わってしまうことすらあるのです。

この本は、ノンフィクションを読む楽しみに出会ってほしいと、中学生以上の若い読者を主な読み手に想定して作られました。特に高校生になると、国語の教科書には「評論」と呼ばれるノンフィクションが多く掲載されますが、言葉の難しさもあってか、敬遠する人も多いようです。でも、思えば物語だって、私たちは幼い頃に読み聞かせをしてもらったり、自分で多くの物語の中から選んだりしながら、お気に入りの一冊を見つけ、親しくなったのでした。ノンフィクションにも、そういう出会いが必要です。

この本は、その出会いの場になることを願って編まれました。教科書の評論が苦手な方も、まずはこの本をどこからでも読んでみてください。また、コラムとして、ノンフィクションを読む楽しみを広げる提案もいくつか紹介しているので、参考にしてもらえると嬉しく思います。

すべての本がそうであるように、この本も、読み手になるというあなたの選択によって、初めて一冊の本として完成します。どのページも、未知の世界への扉となってあなたの手に開かれるのを、今か今かと待っているのです。

目次

第4章　視点を変える

第5章　自分を生きる

第1章
不思議を見つめる

物語ること、生きること

上橋菜穂子

私が小学生のころ、憧れたのが、放射能の研究で女性としてはじめてノーベル賞を受賞したことで知られる、キュリー夫人[*1]でした。

いまはどうか知りませんが、私の子どものころには図書室に行くとズラリと偉人伝が並んでいて、小学校低学年のころ、まるで何かにとりつかれたみたいに、片っ端から、それを読んでいきました。

偉人伝の人たちは、ウルトラマンと違って、地続きのヒーローという感じがしました。エジソンにしろ、リンカーンにしろ、子どものころは度外れて変なところがあったのです。

完全無欠だから「偉人」になったんじゃない、むしろ人とは異なる欠点や過剰さを抱えていたからこそ、ほかの誰とも違う道を歩むことになったんじゃないか。

最初は欠点だと思われていたことも、そうなると欠点じゃなくなるんですね。度を越した欠点こそが、その人が道を切り開くときの、ほかの誰にもない武器になってい

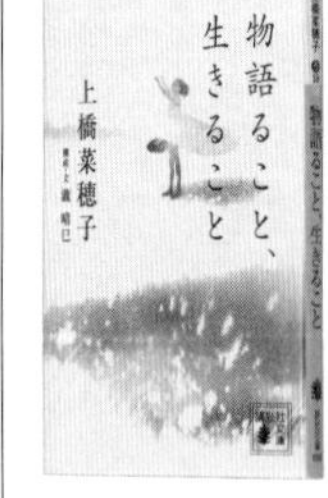

『物語ること、生きること』
上橋菜穂子（一九六二年―）〈著〉、瀧晴巳〈構成・文〉、講談社文庫、二〇一六年

上橋さんは『守り人』『獣の奏者』シリーズの作者として有名ですが、実は文化人類学者としての一面も持っています。この本では、自身が創作した物語の一節をひきつつ、なぜ作家と学者の「二足のわらじ」をはくに至ったか、その歩みが語られます。夢に向かって一歩を踏み出す瞬間も語られているこの本は、あなたの背中を押してくれるかもしれません。

く。

おチビで体が弱かった私は、欠点をバネにした偉人たちの逆転劇に夢中になってしまったというわけです。

キュリー夫人にしても、やっぱり、とんでもない欠点がありました。それは「没頭(ぼっとう)しすぎる」ということ。

偉大な業績はさておき、幼い私がなにより惹(ひ)かれたのは、そこです。なにしろ本を読んでいると、あまりに没頭しすぎて、周りがすっかり見えなくなってしまうというのですから。

彼女(かのじょ)が読書に没頭しているとき、兄弟たちがふざけて周りに椅子(いす)を積みあげてみたら、それでもやっぱり気がつかなくて、読みおわって立ちあがるときに、その椅子がガラガラと崩(くず)れて、はじめて気がついた。それでみんなに笑われても、本人は、どうして自分が笑われたのかわからなかったというのだから、相当なものです。私も本の虫だったので、★これにはすっかりうれしくなってしまいました。

読書する喜びを最初に教えてくれたのは、両親でした。

父も、母も、私が物心つくかつかないかのころから、絵本の読み聞かせをしてくれ

1 **キュリー夫人** Marie Curie 一八六七—一九三四年。ポーランド出身の物理学者・化学者。

★何がそんなにうれしいの?

ました。

子どもって、しつこいですからね。『もじゃもじゃペーター』という絵本の「もじゃもじゃ」という言葉の響きが気に入って、何度も読んでくれとせがまれたのがこたえたのか、母はいまだに「百ぺん言わされた」「死ぬほど疲れた」と嘆いているくらいです。

はじめて親に頼んで買ってもらったのは『王さまの剣』というアーサー王[*2]の物語。誰も抜くことができなかったエクスカリバーという剣を、少年が抜く場面が大好きでした。私が神話や伝説を好きになったのは、この本からだったのかもしれません。

[*3]野尻湖にある祖母の家の屋根裏で、[*4]ジュール・ヴェルヌの『海底二万里』を見つけたときのことも忘れられません。そこは叔父の子ども時代の勉強部屋で、古い時代の本がそのまま残っていたのです。うっすらと本に積もっていたほこりを払うと、日が暮れるのも気づかないまま、夢中で読みふけりました。

私が、あまりにも本ばかり読んでいるので「このままでは実生活がおろそかになる」と心配した両親は、やがて、本禁止令をだすようになりました。

「部屋を片付けるとか、宿題をするとか、ほかにやるべきことはいろいろある。そういうことをおろそかにするな」と。

見つかると怒られるから、しまいには、ふとんをかぶり、懐中電灯を持ちこんで、

2 アーサー王　King Arthur　五世紀から六世紀にかけての、イギリスの伝説的英雄。

3 野尻湖　長野県北部、信濃町にある湖。

4 ジュール・ヴェルヌ　Jules Verne　一八二八－一九〇五年。フランスの小説家で空想科学小説の始祖。作品に『八十日間世界一周』などがある。

薄暗い灯りを頼りに読んだりもしました。そこまでして読みたいか、って話ですけど、私は、だんだん本を読むのはいけないこと、後ろめたいことのように思うようになっていたんです。

ところが、キュリー夫人は、人からどんなに笑われようと、そんなことはおかまいなし。

黙々と本を読みつづけ、自分の研究に没頭して、ついに単身ソルボンヌ大学[*5]に乗りこんでいきます。生活費や食費にも事欠くなかで、学ぶ、学ぶ、学ぶ、学ぶ。赤かぶとサクランボ以外口にせずに、ひたすら勉強していたこともあったそうです。

私は、何があろうと揺らぐことのない、あの学ぶことへの飢えに惹かれたのだと思います。

[*6]『獣の奏者』のエリンも、そうですよね。

あの物語で、エリンを突き動かしているのは「もっと学びたい」「もっと知りたい」という飽くなき探究心です。

「それにしても、すごい熱中ぶりだったな。おれが入ってきても気づかないほど、この書物が面白かったのか？」

5 ソルボンヌ大学 パリにあるフランス最古の大学。

6『獣の奏者』 上橋さんによる、少女エリンを軸に人と獣の関わりを描いたファンタジー小説。

エリンは答えに窮(きゅう)したように、うつむいた。

ジョウンがたくさん書物を持っていることを発見したのは、このまえ、ジョウンが商談のために外出したときだった。雨が降っていて外仕事ができず、退屈(たいくつ)だったので、ジョウンの着物のほつれでも縫(ぬ)ってみようと、奥(おく)の間の戸棚(とだな)をあけて、びっくりしたのだ。

人一人、入れるほど大きな戸棚いっぱいに、書物が積みあげられていた。ひとところにこんなにたくさんの書物があるのを見たのは、生まれて初めてだった。ジョウンのものを、勝手にさわってはいけないと思ったけれど、なんの書物なのか知りたくて、がまんできなかった。

一冊一冊、床(ゆか)におろして、順番を変えないようにしながら題名を見ていくうちに、エリンは、わくわくしてきた。物語らしきもの、蜂(はち)について書かれているもの、様々な国について書かれた書物……まるで、宝物の山を目の前に広げられたようだった。

――『獣の奏者Ⅰ　闘蛇(とうだ)編』（講談社文庫）

少女時代のエリンは、自分の命を救ってくれた恩人でもある蜂飼いのジョウンのもとで、学ぶことの喜びに目を開かれていきます。

幼いころから、私も、いつも不思議でした。

なぜ、知りたいと思うのか。なぜ自分が、時の流れや、宇宙の果てしなさや、答えがすぐには出ないことを考えつづけずにはいられないのか。

この世界には、未知のこと、わからないことがたくさんあって、どうしてそうなっているのかを、もっと知りたいと思う。どこから湧いてくるのかもわからないこの気持ちは、たぶん、理屈ではないのでしょう。

その道を究めたら、どんな答えが待っているかもわからないまま、ただ、目の前の問いと一心に向き合い、学ぼうとする人間がいる。

私は、★いまでもそういう人に無性に惹きつけられてしまいます。

iPS細胞[7]を開発してノーベル生理学・医学賞を受賞した山中伸弥[8]さんが、テレビのインタビューの中で、こんなふうなことをおっしゃっていました。「実験を繰り返しながら、みんながページをめくっていて、最後にページをめくったときに『あった!』と言ったのが自分だった、それだけのことです」と、先人の功績を讃えたのです。ああ、すばらしい言葉だな、と思いました。

エポックメイキング[9]な大発見は、それまで積みあげてきたものがあってはじめて起

★ そういう人ってどういう人？

7 iPS細胞 万能細胞の一種。増殖して各種の細胞へと分化できる細胞。二〇〇六年、山中伸弥らが初めて作製に成功。

8 山中伸弥 一九六二年―。医学者。ノーベル賞受賞は二〇一二年。

9 エポックメイキング 画期的な。［英語］epoch-making

こるもの。ぽたぽたとしずくが落ちて、やがてコップがいっぱいになり、最後の一滴（いってき）であふれだすみたいに、物事が変わるのはつねに最後の最後の瞬間（しゅんかん）が来たときなのです。

子どものころ、学者や研究者に憧れたのは、そのせいかもしれません。

自分ひとりの努力では、一生のあいだになしえることは限られているけれど、学ぶことでその道を究めようとした人たちは、そうやってバトンを、次の世代、また次の世代へとつないでいくことができる。

人は、生まれて、生きて、やがて死んでいきます。

★どんな人も、一回性の命を生きている。そのなかで、いったい、自分は何をなしえるのだろう。

体が弱く生まれたからこそよけいに、私はそのことをずっと考えつづけてきました。

有限の命を生きるしかない人間が、それでも何かを知りたいと思い、それまで誰も解くことができなかったことに挑（いど）んで、それによって、この世界の何かが確実に変わることがある。変わったからとて、いずれは地球も砂になりますから、じつは意味のないことなのかもしれませんが、少なくとも、生きているあいだ、人の幸せとなる何かを生みだせるなら、それはそれで、意味があるのではないか。

自分も、そんなふうに何かをなしえる人になりたいと願った。

学ぶことを志した先人たちがそうしてきたように、何かが少しでも変わることを夢見ながら、自分のページをめくっていかざるをえない衝動（しょうどう）を、幼いころから確かに抱えていた気がするのです。

手引き

1 「自分のページをめくっていかざるをえない衝動」（17・2）とは、どのような衝動か、説明してみよう。

2 自分が不思議に思うことや知りたいと思うことを、問いの形でたくさん挙げてみよう。

クジラと遊ぶ

水口博也（みなくちひろや）

　クジラと間近に接するとき、彼（かれ）らはまずその巨大（きょだい）さでぼくを圧倒（あっとう）した。しかし、ただ大きいだけではない。そこには、美しさも備えている。それは、巨大な体ながら水の抵抗（ていこう）を最小限にして海中をすすむために、航空機などにも共通した力学的にかなった形がもつ美しさといっていい。

　しかし、クジラとの出会いが多くなるにつれてぼくは、自分をひきつけるものが、けっしてその巨大さや美しさだけではないと感じはじめていた。

　それは、ひとつの心に焼きつく出会いがきっかけになっている。地球の反対側、アルゼンチンを旅したときのことだ。

　南北に長いこの国の中ほどで、大西洋に小さくキノコの形につき出した半島がある。バルデス半島[*1]と名づけられたこの半島のまわりは、海洋動物が豊かに観察できる場所として知られるが、なかでも見る者の心をもっともとらえるのは、沿岸にやってくる巨大なミナミセミクジラ[*2]だろう。

『クジラと海とぼく』

水口博也（一九五三年―）〔文〕、しろ〔絵〕、アリス館、二〇一〇年

　水口少年にとって、海は大きな宇宙でした。とりわけ、イルカやクジラに魅（み）せられた彼は、やがて海洋の研究を志し、編集者から海の写真家への道を歩みます。世界中の海を渡（わた）ってさまざまな自然や動物の写真を撮（と）り続けた水口さん。この本では、そんな水口さんの半生が、海の生物の映像的な描写（びょうしゃ）とともに綴（つづ）られています。言葉の海で確かに息づくクジラと水口さんとのふれあいを、存分に楽しんでください。

この海で、クジラたちはしばしばぼくがのるボートに体をよせて遊んだ。体長一三〜一四メートル、体重五〇トンもの巨鯨が、自分がのる小さなボートと体をならべると、ボートは木の葉のように見える。とりわけ若いクジラは、ありあまった力を発散するように、頭でボートをぐいぐいと押し、下にもぐりこんでは背中でもち上げようとしたほどだ。

べつのときには、船の横にきたクジラが海面で顔をかしげて、片方の目をこちらにむけた。そのあと、彼らは体を起こして噴気孔（頭部にある潮ふきを上げる孔。ぼくたちの鼻の孔にあたる）をぼくにむけ、精一杯の力で潮をふき上げた。

そのようすは、ボートの上の人間がおどろき、あわて、歓声を上げるのを心から楽しんでいるかに見える。そして、もう一度目でぼくをたしかめては、ようやく飛沫をぬぐった顔やカメラに、容赦なく生ぐさい息を噴きつけていった。

海中に入っても、このクジラの好奇心は変わらなかった。ぼくが水中マスクをつけて海のなかにすべりこんだとき、それまでボートとたわむれていたクジラがぼくにむきを変えて、ゆっくり体をよせてきた。そして、わずかに一メートル半ほどの距離をのこしてとまった。

セミクジラは、ほかのクジラにくらべて、体はずんぐりとして太い。小さな部屋ひとつ分くらいはありそうな、量感のある巨塊が、ぼくのすぐ前にぽっかりとただよっ

1 バルデス半島 アルゼンチン南部、チュブト州東岸にある半島。一九九九年、世界遺産に登録された。

アルゼンチン
バルデス半島

2 ミナミセミクジラ クジラ目セミクジラ科の哺乳類。南半球に分布。乱獲されて減少し、現在は国際捕鯨取締条約により捕獲が禁止されている。

ていた。

こちらにむけた顔にふれる気になれば、ほんとうにそうできただろう。しかし、ぼくは彼をおどろかせることがないよう、あえてその位置から前には出なかったし、クジラもぼくにぶつかってくることはなかった。

ぼくがゆっくり右や左にまわりこむと、巨大な頭部を同じ方向にまわしていく。ぼくが泳ぎはじめると後にしたがい、ぼくが海面にぽっかりと体を浮（う）かべると、下にもぐりこんで上目づかいにぼくを見上げた。

ぼくがそばにいることで、若いクジラの好奇心はいっそう高まっていくように思えた。じっとただようのにあきた彼は、ぼくの前を何度も横切っては視線をなげかけていく。

彼の胸（むな）びれが、ぼくの目の前を横ぎっていく。ぼくは少し手をさし出して、彼の胸びれの先にふれた。

一瞬（いっしゅん）おどろいたのか、彼の目がかすかに動いた。しかし、そこからきゅうな動きをとることはなかった。ぼくはそのとき、この野生動物が手でふれられるままに胸びれをさし出していたことに、★むしろとまどいさえおぼえた。

およそ二時間を、ぼくはこのクジラと海中ですごした。やがて泳ぎつかれてボートにもどったとき、彼はいままでいっしょに泳いだ人間の姿をもとめて、ボートの周囲

★ どうしてかな？

海面から頭部をつきあげ、2つの噴気孔から潮ふきを上げるミナミセミクジラ。
頭部にはフジツボなどの生物が付着する。

を泳ぎまわった。

ここでぼくは、ちょっとした悪戯を試みた。ボートの底に腹ばいになって、海面から人間の姿が見えないようにしようというのである。

ぼくからも、クジラの動きを見ることができない。ただ周囲で噴き上げられる音や、巨体の動きが海面を波立てる音で、クジラのようすやしぐさのひとつひとつを頭のなかに描いていた。

やがて彼は、いっそう夢中になってぼくの姿をさがし、海面から顔を出し、体をおどらせて、波立った海面は大きくボートを揺（ゆ）らした。ボートの底にふせたぼくは、さわがしくなる波音に耳をかたむけながら、ふき出すのをせいいっぱいにこらえていた。

クジラは最後には、海面からのび上がった体をボートにのり上げるようにして、ボートのなかをのぞきこんだ。ボートの底から見上げたぼくの目と、のぞきこんだクジラの視線があったとき、この動物にたとえようのない親近感を感じていた。

一か月、あるいは二か月にわたって毎日、小さなボートで海にこぎ出してクジラを観察していると、彼らはときおり、巨大な体にふさわしいおおらかな好奇心をぼくたちにむけることがある。

ぼくは編集者としてすごしたとき、自分自身興味をもっていたのが、じつは人間がもつ知的な好奇心だったことに気づいた。一方でクジラと深く関わるようになって、彼らもまた知的な好奇心をもつことを確信しはじめるようになっていた。

ぼくたち人間は、自分たちがもつ知的好奇心を糧（かて）に、さまざまなものを発見したり発明したりしてきた。よりよい社会のありかたを考え、実現していく上でも、知的好奇心は大きな力になるだろう。

一方、クジラは彼らの好奇心を、海のなかでどう発揮しているのか——ぼくがクジラにいだく興味は、まさにその点にある。アルゼンチンでのセミクジラとの出会いは、ぼくがなぜクジラという動物に惹（ひ）かれるのかをより明確にしてくれたように思う。

手引き

1 「たとえようのない親近感」(22・5)とあるが、水口さんはクジラのどのようなところに親近感を持ったのか、説明してみよう。

2 水口さんによるクジラの描写の中で、気に入った表現や素敵だなと思う表現を書き出してみよう。

花の色には意味がある

稲垣栄洋

道ばたにひっそりと咲く雑草の花に、心打たれるときがあるかも知れない。

しかし、野生の植物が花を咲かせるのは、人間に見てもらうためではない。昆虫を呼び寄せて花粉を運ばせるためである。

人知れず咲く小さな雑草の花であっても、それは同じである。すべての花は昆虫を呼び寄せるためにあるのである。

美しい花びらや甘い香りも、すべては昆虫にやってきてもらうためのものなのだ。そのため、花の色や形にも、すべて合理的な理由がある。花は、何気なく咲いているわけではないのである。

たとえば、春先には黄色い色の花が多く咲くようになる。

黄色い花に、好んでやってくるのはヒラタアブ[＊1]など小さなアブの仲間である。もちろん、人間には黄色い色に見えても、昆虫に何色に見えているかは、昆虫に聞いてみないとわからない。よく昆虫には紫外線が見えるという話がある。黄色い花は紫外線

『雑草はなぜそこに生えているのか——弱さからの戦略』

稲垣栄洋（一九六八年—）、ちくまプリマー新書、二〇一八年

何度踏まれても立ち上がる雑草魂？　いいえ、競争に弱い植物である雑草は、そんなことはしません。この本では、弱い雑草が生き残りをかけてとる「戦わない戦略」を、稲垣さんが、解説します。農業を専門とする稲垣さんは、植物や虫のすごさを、たとえ話を使いながら解説してくれる名人。その稲垣さんの案内で、身近な雑草の不思議に迫ってみましょう。

が少ないので、紫外線が少ないというのが、アブが好む特徴なのかも知れない。

アブは、まだ気温が低い春先に、最初に活動を始める昆虫である。そのため、春先の早い時期に咲く花はアブを呼び寄せるために、黄色い色をしているのである。

もっとも、アブが好むから黄色い花を咲かせるようになったのか、黄色い花が多くなって、アブが黄色を好むようになったのかは、「卵が先か鶏が先か」で、よくわからない。

しかし、春先には黄色い花が咲き、黄色い花にアブが来るという植物と昆虫との約束事ができあがったのである。

ただし、アブをパートナーとするには、問題があった。

ミツバチのようなハナバチ[*2]の仲間は、同じ種類の花々を飛んで回る。

ところが、アブはあまり頭の良い昆虫ではないので、花の種類を識別するようなことはしない。そして、種類の異なるさまざまな花を飛び回ってしまうのだ。これは植物にとっては、都合の良いことではない。

同じ黄色い花だからと言って、タンポポの花粉がナノハナに運ばれても、種子はできない。タンポポの花粉は、タンポポに運んでもらわなければならないのである。

それでは、アブに花粉を運んでもらう植物は、どうやってきちんと花粉を運んでもらえば良いのだろうか。

1 ヒラタアブ ハナアブ科の昆虫のうち、腹部の平たいものの総称。

2 ハナバチ 花から花へ飛び回って花粉や蜜を集め、幼虫の餌にするハチ。ふつう体には毛が多く、花粉が付着しやすく、口も花蜜を吸うのに適している。

これは難題である。しかし、野に咲く雑草であっても、この難問を解決しているのだから、すごい。

じつは、春先に咲く黄色い花は、集まって咲く性質がある。集まって咲いていれば、アブは近くに咲いている花を飛んで回る。そうすれば、結果的に同じ種類の花に花粉を運ぶことになるのである。

特に、小さなアブは飛ぶ力がそんなに強くないので、まとまって咲いていれば、近場の花を回ってくれる。

こうして、春先に咲く野の花は、集まって咲く。春に、一面に咲くお花畑ができるのは、そのためなのである。

紫（むらさき）色の花が選んだパートナーは？

黄色い花は、アブをパートナーとして花粉を運んでもらっていた。

一方、紫色の花はミツバチなどのハナバチをパートナーに選んでいる。ミツバチは紫色を好む。紫色の花は紫外線も多いから、ハチは紫外線を合図にして紫色を選んでいるのかも知れない。

ミツバチなどのハナバチは、植物にとっては、もっとも望ましいパートナーである。何より、ミツバチは働きものだ。ミツバチは女王蜂を中心として家族で暮らしている。そのため、自分の餌だけでなく、家族のために花から花へと飛び回り蜜を集めるのだ。つまり、植物にとっては、それだけ、たくさんの花粉を運んでもらえることになる。

さらにハチは頭が良く、同じ種類の花を識別して花粉を運んでくれる。また、ハチは飛翔能力が高いので、遠くまで飛ぶことができる。そのため、ハチが花粉を運んでくれる植物は、離れて咲いていても、しっかりと花粉を運んでもらうことができるのである。

この優秀なパートナーを惹きつけるために、ハチを呼び寄せる花は、たっぷりの蜜を用意してハチを出迎える。

ところが、これには問題があった。

蜜をたくさん用意してしまうと、ハチ以外の他の虫も集まってきてしまう。せっかく奮発して用意した蜜を他の虫に奪われてしまうのだ。

★紫色の花は、どうやってハチだけに蜜を与えることができるのだろうか。

人気のある学校に入るためには、「入学試験」というものがある。

じつは、紫色の花も、蜜を与える昆虫を選ぶための「選抜試験」を行うのである。紫色の花は、複雑な形をしているのが、特徴である。この複雑な形が、まさに入試問題である。

身近な雑草であるホトケノザ[*3]の花を観察してみることにしよう。

ホトケノザの花の秘密

ホトケノザは、スミレやタンポポほど知られていないかも知れないが、小学校の生活科の教科書でも紹介されるほど、身近に見られる雑草である。

ホトケノザは小さな花だが、よく見ると、なかなか美しい花を咲かせている。下の花びらには、斑点のような模様がある。これが、蜜のありかを示す「蜜標」と呼ばれるものである。蜜標はガイドマークや、ネクターガイドとも呼ばれている。この蜜標を目印にして、ハチはこの花びらに着陸する。下の花びらはまるでヘリポートのような役割を持っているのだ。ホトケノザは、ミツバチが訪れるのには小さいが、小さなハナバチが訪れる。そして、花びらに着陸すると、ちょうど着陸した飛行機を誘導するラインのように、花の奥に向かって蜜標が続いている。この道しるべに従って、花の奥深くへと進んでいくと、花の一番深いところに蜜があるのである。

3 ホトケノザ　シソ科の越年草。筒状で唇のような形をした紫紅色の花をつける。名は、葉の状態を仏座に例えたもの。春の七草のホトケノザとは異なる。

横からホトケノザの花を見ると、花の形が細長く、花の中が奥深くなっている。じつは、この狭い中に潜り込んで行って、後ずさりして出てくるというのが、普通の昆虫は得意ではない。これに対して、ハチは花の奥深くへ潜っていくことを得意としているのである。

蜜標が蜜のありかを示すサインだということが理解できる頭の良さ、そして花の奥へと入っていくことのできる勇気と体力を持った虫だけが、蜜にありつくことができる。

こうしてホトケノザは、知力テストと体力テストによって、パートナーとしてふさわしいハチだけに蜜を与えることに成功しているのである。

ホトケノザだけでなく、紫色をした花は、どれも蜜標や奥に深い構造をしている。スミレ[*4]を見てみることにしよう。

スミレも下の花びらに白い模様がある。そして、花の奥深くへと潜り込めるようになっている。スミレの花を横から見ると、花の奥を長くするために、茎が花の付け根ではなく、真ん中あたりについていて、やじろべえのようにバランスを保っていることがわかるだろう。

もっとも、最初からハチが花に潜るのが得意だったのかは、わからない。ハチだけが潜れるように花は長く進化し、花に潜るように、ハチも進化をしていく。そうして

4 スミレ　スミレ属の多年草。濃紫色の花を横向きに開く。名は、花の形が墨入れ（墨壺）に似ているところからという。

難易度を上げながら、ついには他の昆虫はたどりつけず、ハチだけが蜜を得られるように進化しているのである。こうして植物とハチとは共に進化を遂げてきたのである。

花と虫との共生関係

ミツバチなどのハナバチの仲間は、頭が良いので、同じ種類の花を回って花粉を運んでくれると紹介した。

しかし、不思議である。

ハチは蜜が欲しいだけで、植物のために働かなければならない義理はない。別に同じ種類の花を回らなくても、近くの花を回れば良いのではないだろうか。ホトケノザの花粉がスミレに運ばれたからといって、ハチには関係のない話だ。

★どうして、ハチは、わざわざ同じ種類の花を回るのだろうか。

学校の入学試験は、毎年毎年、違う問題が出される。

もし、ある学校が昨年とまったく同じ問題を出したとしたら、どうだろう。過去問題さえ勉強しておけば、簡単に問題を解くことができる。そんな学校があるのなら、ぜひ受けてみたいと思うことだろう。

ハチも同じである。

テストをクリアして、蜜にたどりついたハチは、同じ仕組みで蜜を吸うことができる花に行きたくなる。新しい花に行けば、また蜜標を解いていかなければならないし、苦労して花の奥に潜り込んでも、蜜にありつける保証はない。そうだとすれば、同じ仕組みで蜜が手に入る同じ種類の花に行った方が良いのである。

こうして、ハチは同じ種類の花を回るようになる。そして、首尾（しゅび）よく植物たちに受粉をしていくのである。

すべての生物は、自分の得だけのために利己的に行動している。そこには、何の約束もなければ、何の道徳心もない。しかし、結果的に、そんな利己的な行動によって、人間から見ると、植物と昆虫とが、いかにも助け合っているかのような、お互（たが）いに得になる関係が作られているのである。自然界の仕組みというのは、本当によくできていると驚（おどろ）かされる。

手引き

1

「自然界の仕組みというのは、本当によくできている」（31・11）とはどのようなことか、本文の例を一つ挙げて説明してみよう。

2

この文章のように、異なる生物が共生する「自然界の仕組み」の事例は他にもあるだろうか。理科の先生に聞いたり、生物や植物に関する図鑑（ずかん）や本で調べたりしてみよう。

『素数ゼミの謎』
吉村仁 著、石森愛彦 絵
文藝春秋、二〇〇五年

13年、あるいは17年に一回など、周期的に一か所に大量発生する謎のセミがいます。彼らはなぜこんな長いあいだ土の中にいて、突然大発生するのでしょう。そして、「13」や「17」という数の秘密は？

この不思議な周期ゼミの謎を追いかけたのが、生物学者の吉村さんが、ご自身の論文をもとに書いたこの本です。ひとつの謎をときあかすとそれがまた次の謎を呼ぶ構成は、まるでミステリー小説のよう。話は一見セミと関係なさそうな氷河時代の気候や、みなさんが数学の授業で習った素数の持つ性質にも及んできます。

目の前の不思議な現象が、一見関係なさそうな他の知識とつながって謎が解けるプロセスを、あなたもぜひ楽しんでください。問いをたてるところから科学的研究が進む様子を、豊富でわかりやすいイラストとともに垣間見ることもできますよ。

『漢字ハカセ、研究者になる』
笹原宏之 著
岩波ジュニア新書、二〇二二年

小学五年生の笹原少年は、漢和辞典との出会いがきっかけで漢字に興味を持ち、クラスで「漢字ハカセ」と呼ばれるように。でも彼の探究心はそこにとどまりません。当て字に熱中したり国字を集めたりと、漢字の不思議にどんどんのめりこんでいきます。そして、やがて進路も漢字の研究を志すことに……。

この本は、今では漢字研究者となった笹原さんが、自分自身の半生を綴りながら、漢字の魅力について語ってくれる本。笹原さんがとりつかれた漢字の不思議や、「漢字って楽しい！」という思いがストレートに伝わってきて、読んでいる読者も楽しくなる一冊です。読みながら、漢字の知識も色々とついていきますよ。

自分の興味になかなか没頭できない人や、そんなの将来につながらないよなぁと思っている人、ぜひ読んでみてください。きっと、興味をつきつめる力が湧いてきます。

もっと読むなら

『雪は天からの手紙――中谷宇吉郎エッセイ集』
中谷宇吉郎 著、池内了 編
岩波少年文庫、二〇〇二年

目をこらして雪を見ると、綺麗な幾何学模様が見えることがあります。中谷博士は、この雪の結晶にさまざまな形があることに着目して観察や分類を続け、世界で初めて人工雪をつくることに成功した科学者です。

みなさんは科学者にどんなイメージを持っているでしょうか。実験室にこもって試験管を振ったり、ビーカーをじっと見つめていたり……もちろん、それも正解ですが、この本に出てくる科学者の姿は、そういう実験室のなかでの科学者の姿とは違ったものです。

寒い北国での研究や人びととの交流、科学者のプライドや優しさが垣間見えるエピソード、身近なものへの科学的なまなざし……昔に書かれた文章のため、言葉づかいが難しかったり専門用語が出てきたりしますが、細かなところは気にしすぎず読んでみてください。中谷博士の誠実な人柄が感じられると思います。

『ちいさい言語学者の冒険――子どもに学ぶことばの秘密』
広瀬友紀 著
岩波科学ライブラリー、二〇一七年

たとえば「死ぬ」を「死む」と言ったり、猫や車を見て「ワンワン」と呼んだりするような、子どもたちのかわいい言い間違い。でもそれはかわいいだけではなくて、背後にちゃんと言語学的な理由があるのです！

心理言語学の研究者である広瀬さんは、子どもたちの言葉を観察して、アタマの中でどんなことが起きているかを鮮やかに整理してくれます。音や意味、文法、解釈――言葉の仕組みを自分なりに見つけ出して応用していこうとする子どもたちは、まさに「ちいさい言語学者」。その「冒険」の道筋をたどっていくうちに、言語学とはこういうものなのかという全体像も見えてきます。

たぶん、あなたもかつて通った旅路です。ふだん当たり前に使っている言葉を見直して、こんなに複雑なものを使いこなせるようになった私たち、なかなかどうして捨てたもんじゃないなって思えるかもしれません。

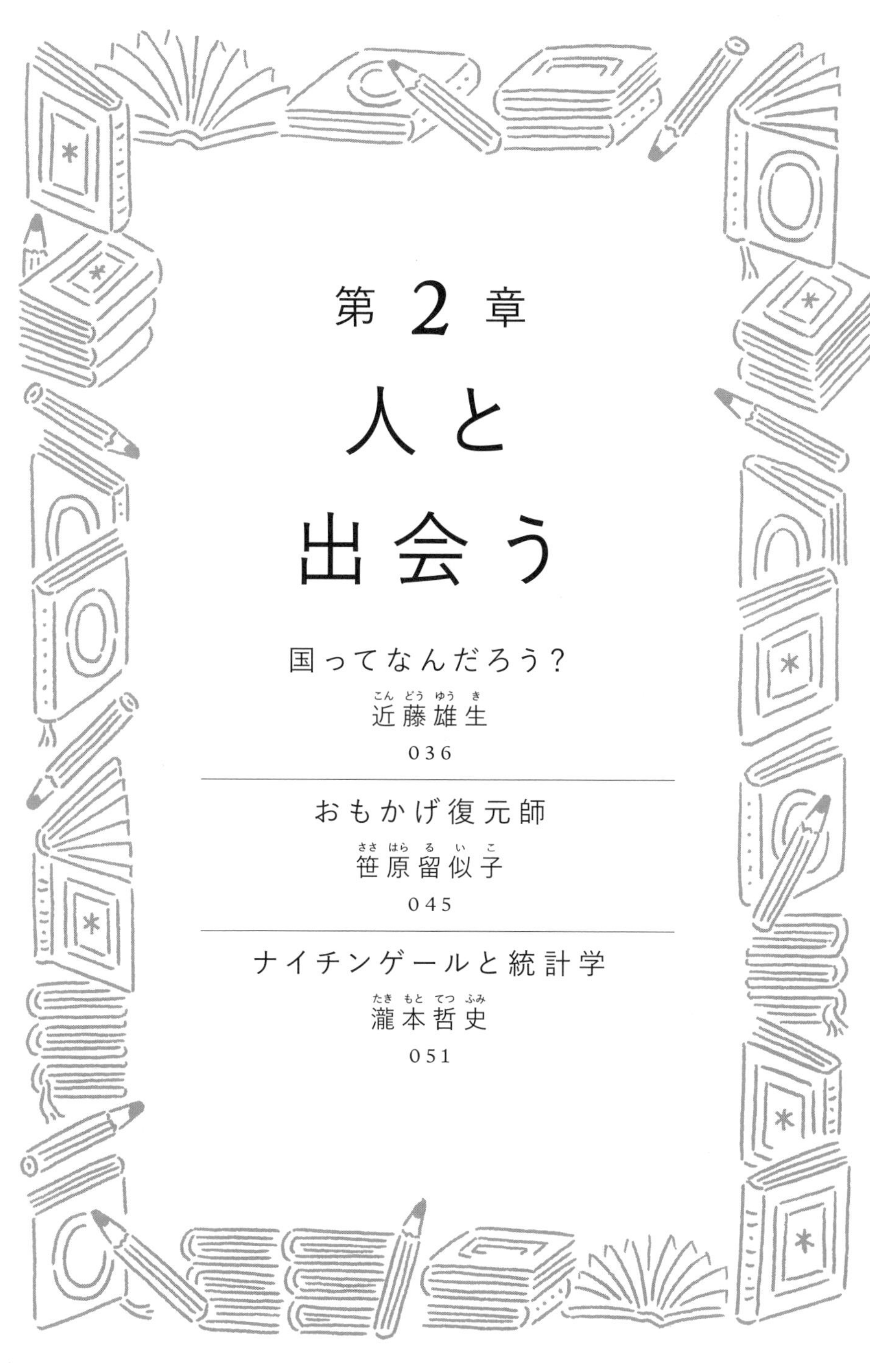

第 2 章
人と出会う

国ってなんだろう？

近藤雄生

バンバリー[*1]から北に七〇〇キロ。全くひと気のない舗装もされていない赤土の砂利道を走っていると、道路の脇に、突然こんな看板が見えてきます。

《BORDER HUTT RIVER PROVINCE》

こんなんでもない平原に、「ボーダー」すなわち「国境」が！　つまり、「ここからはオーストラリアではなく、『ハットリバープロヴィンス』の領土である」、というのです。

そう、オーストラリア大陸の中にはじつは、オーストラリア以外の国があるのです。ぼくたちはいま、この知られざる国へと向かっていました。そして、その看板からさらにしばらく赤土の未舗装路を進んでいくと、国の入り口が見えてきました。

《The Principality of HUTT RIVER PROVINCE》

日本語では「ハットリバー公国」となるこの言葉が赤いレンガの壁に書かれています。その隣には、観光名所のように「見学時間は９ＡＭ～４ＰＭ」と表示された立て

『旅に出よう――世界にはいろんな生き方があふれてる』

近藤雄生（一九七六年―）、岩波ジュニア新書、二〇一〇年

二十代の青年が将来の夢をつかむために挑戦したのは、結婚したばかりの妻との世界を旅する生活。オーストラリア、ミャンマー、イラン、中国……夫婦で訪れた世界の国々で、近藤さんは想像もつかないほど多様な人生に出会います。本書は、ノンフィクションライターの近藤さんが、私たちを色々な生き方に誘う一冊。彼の案内で旅に出てみましょう。

看板もありました。そしてそのまま、バンで中に乗り入れると、くたびれた白シャツと黒のズボンという油断したおっちゃんスタイルのおじいさんがやってきて、「ようこそ！」と陽気にぼくらを迎えてくれました。もしかして……と聞いてみると、やはりこのおじいさんこそが「ハットリバー公国」の君主、プリンス・レナード[*2]なのでした。当時すでに八〇歳を目前にしたおじいさんが、なんとこの国の「プリンス」なのです（「プリンス」は、日本語では「公」や「王子」などと訳されます。そして、プリンスが治める国を「公国」と呼びます）。

ハットリバー公国（の中心部）への入り口

　国民は三〇人ほど、領土も七五平方キロだけだけれど（とはいっても東京の世田谷区と目黒区を足したより大きい）、独自の通貨やパスポートも存在します。入国すると、パスポートに〝ＶＩＳＡ〟と書かれたスタンプも押されました。が、入管職員がいるわけではないので、プリンス・レナードがじきじき押してくれます。

　いったいどうしてこんな国が生まれたのか？　どうして、彼は「プリンス」なの

1 バンバリー　オーストラリア・西オーストラリア州の港湾都市。

2 プリンス・レナード　Prince Leonard　一九二五―二〇一九年。レナード・キャスリー。

か？

ぼくたちはハットリバー公国の敷地にバンを停めて一泊させてもらい、翌日、たくさんの質問を抱えて、プリンス・レナードにじっくりと話を聞いたのでした。

事の発端は、一九六九年に西オーストラリア州政府によって決められた小麦生産量割り当て政策でした。つまり、州の政府が小麦の生産量全体を調整するために、「あなたはこれだけしか小麦を生産してはいけませんよ」と各農家に割り当てたのです。

当時、西オーストラリア州中西部ノーサンプトン付近の土地で小麦農家として暮らしていたレナード・キャスリーは、その年の一一月、自分たちに与えられた割り当て量のあまりの少なさに驚きました。とても生活をしていける量ではなかったのです。何かの間違いなのではないかと西オーストラリア州政府に抗議し、不当性を訴えました。

しかしその抗議は届きませんでした。その後も、なんとか手を打つべく動き回りましたが、そのころ州議会では、州政府に地方の土地を取り戻す権利を与える法律を作ろうとしていて、うかうかしていると抗議するどころか自分の土地まで取り上げられかねないという危機感を感じました。その結果、もはやこれしかないと考えついたのがオーストラリアからの「分離独立」だったのです。

彼はこう言います。

「[*3]国際法によれば、自らの経済または土地が奪われる危機に瀕している場合、自分たちの生活を守るために政府を作り分離独立することができることになっているんだよ。私たちは経済と土地の両方が危機にあったから、分離独立する権利がある、と考えたんだ。」

彼はとても法律に詳しかったのです。

そうして彼は西オーストラリア州政府に対して、「割り当て量の修正をするか、またはそれ相応の補償をしてくれない限り、自分たちの土地を西オーストラリア州の管[*4]轄権から撤退させ、西オーストラリア連邦からの独立を宣言する」と通知したのです。

しかし、それに対する返事はありませんでした。そしてレナードはついに分離独立を決行することを決めました。

一九七〇年四月二一日、レナードは、西オーストラリア州政府とオーストラリア連邦政府のしかるべき人物、そしてオーストラリア総督へ、分離独立を宣言する公式文書を送りました。独立のためにまず彼が取った行動がこれでした。

一方、それに対して、連邦政府は「それは西オーストラリア州憲法にかかわること

3 **国際法**　憲法や民法といった法典をもつ国内法とは異なり、国家間の合意に基づいて、国家間の関係を規定する法。条約や国際慣習などからなる。

4 **管轄権**　国家が主権に基づいて、人、物、行為などに対して統治作用をおよぼす権限のこと。

で、連邦政府は関与できない」とし、州政府は「われわれはあなたの行動に対して何も行動を取る気はない」との事。もちろん、独立を認めたわけではなく、誰もが本気で相手にしなかったのです。

でもレナードはそれから、法律に基づいて着実に、国を造るための作業を続けていきます。まず、行政委員会を立ち上げ、レナードがその長に「★選ばれ」ました。国旗も作り、憲法、その他の法律も、合法性を考えながら作り上げていきました。また、英国女王との関係性を考慮し、さらには、より強固な法的地位を得るためもあって、レナードは自ら「プリンス」となり、そこにプリンス・レナードの治める「ハットリバー公国」が誕生したのです。そしてその後、切手、通貨、パスポート、軍隊までを作っていきました（軍隊はさすがに形式だけに過ぎないようですが）。

半ば冗談のような話ですが、彼の地位は法的に有効だと認められています。その後何度にもわたってオーストラリアとの間で、税金を払う払わないなどについて議論がなされる中で、オーストラリアの政府機関の内部文書に「ハットリバー公国は法的に有効な存在であり、プリンス・レナードはオーストラリアの税制からも除外され、また公国のパスポートも有効である」との旨が書かれているのです。つまりオーストラ

リア政府は、「ハットリバー公国」を公式には認めざるとも、法的には認めざるを得なくなったのです。プリンス・レナードは、ハットリバー公国のパスポートで実際にギリシャ、インド、レバノン、バチカンといった国々を訪れているとのことでした。

「インドでは、空港から特別扱いで迎えてもらったよ。」

すごいだろう？　という顔で、彼は笑いながらそう言いました。

こんな大それたはちゃめちゃなことをしてしまうだけあって、プリンス・レナードは、とてもエネルギッシュ[*5]な老人でした。一見なんの変哲もない農家のおじいさんだけれど、顔はとても自信に満ちているように見えました。これ以上ないほど自由な発想を貫いて生きてきたからなんだろうな、と感じました。

そして、とにかく陽気で、軽快で、旅行者へのサービスも怠らない。執務室でマントを着て、国のシンボルの前で写真に収まったりもしてくれた上、真剣にこうも語るのです。

「国の産業を観光業には頼りたくないんだよ。銀行や大学や病院を作って、それによって国の経済基盤を作りたいんだ。」

とはいえ、独立から三〇年以上経ったそのときも、どれも全く机上の話でしかなさそうでした。三〇人ほどの国民は事実上ほとんどプリンス・レナードの家族のようだ

5 エネルギッシュ　活力にあふれているさま。精力的。［ドイツ語］energisch

ったし、さすがに銀行、大学を作るのは難しいようです。何しろハットリバー公国の経済、というか、プリンス・レナード一家の生計は、一万頭のヒツジと土地の賃貸などによって成り立っているというのが現実でした。★しかし逆に、そんな状態でも一応国として独立してしまっているのが、本当に驚くべきことなのだと思えました。

プリンス・レナードは一九二五年にオーストラリアで生まれました。家計を助けるために、一四歳で学校を終えてから働いていましたが、その間も、会計士になるための勉強を続けたり、自分で数学や物理学の勉強もしていました。そして一六歳のときに、勤めていた運送業の会社の事務所にあった法律書を読み始めたのです。

「仕事中の空いた時間に読んでいたら、とにかく面白かったんだ。」

それはレナードに、仕事に役立つというだけではない豊富な知識を与えました。そしていつしか彼は、その知識と好奇心を、新しい国を造りだす、というところにまで高めていったのです。

初めの目的は、間違いなく自らの生活と土地を守ることだったものの、独立から何十年も経ってみると、国を統治するということ自体が彼の飽くなき好奇心を満たす手段となっていたようです。

★
近藤さんは国がどんなものだとイメージしてたのかな？

ハットリバー公国に来て、ぼくは国っていったいなんなんだろう？　ということを考えるようになりました。いままで自分が日本人であるということは当たり前で絶対的なことだったけれど、よく考えると、じつは自分が住んでいる「国」や、自分が「ナニジン」かということは、極めて曖昧なものなのかもしれないな、と。

たとえば、なぜ日本は国なのかと考えると、それは国際社会の誰もがそう認めるからだ、としかいいようがありません。日本が国であるか否かを最終的に決定する明確な基準があるわけではなく、結局は、認めるか、認めないかの問題ということになります。みんながそう認めるからここは日本で、ぼくは日本人なんだ、と。結局、国なんてそれぐらいのものでしかない、といってしまってもいいのかもしれません。

ぼくらはそれほど、自分は日本人であの人は外国人だなどと、考える必要はないのかもしれません。国というのはじつは、普段思っているほど絶対的なものではないし、だから国の違いによって、人と人との間に境界を作ってしまうことは、本当は必要ないことなのかもしれません。

ただし、プリンス・レナードはむしろ自ら新たな境界を作り出すことによって、ぼくにそのようなことを感じさせてくれたので、★なんだか逆説[*6]的ではあるのだけど……。でもいずれにしても、誰もがみな、彼の行動を見ることで、国っていったいなんだろう、と考え直したくなることは間違いないと思いました。

6 逆説　真理や結論に矛盾する形で、事の真相を表そうとする言説。パラドックス。

ぼくがそんなことをあれこれ考えていると、そのそばでプリンス・レナードは軽快な口調でジョークを飛ばし続け、陽気に語ります。

「国を治めるのなんて難しいことではないよ。人生でもっとも大切なのは、楽しむことさ。」

その言葉の通り、彼は確かに、人生を心底楽しんでいるように見えました。そうやって楽しむことこそが、プリンス・レナードに独特の活力と魅力(みりょく)を与えているようでした。そんなこの老プリンスに、ぼくらは多大な元気をもらうことができました。そして国の入り口そばに建つ、プリンスの顔の大きな像に見送られながら、この国★を出発したのでした。

手引き

1　国についてプリンス・レナードが教えてくれたのはどんなことか、書いてみよう。

2　プリンス・レナードが教えてくれたことをもとに、自分の周りにある「国」以外の境界について、それがどのように作られているのか話し合ってみよう。

おもかげ復元師

笹原留似子

数日前に沿岸エリア[*1]に連れて行ってくれた宣承[*2]さんから朝、電話がかかってきました。被災地支援で、自分たちにできることを精一杯やっていく、と。わたしも賛同しました。

宣承さんはまず、何をするにも、みんなでつながりを持っておくことが大事だから、名前だけでも組織を立ち上げておこう、といいました。これが、震災に関わる支援者と被災者をつなげるための組織「つなげるつながる委員会」の始まりでした。

この「つなげるつながる委員会」は、後にたくさんの支援物資を被災地に届けてくれることになります。

この日の朝、釜石市[*3]の知り合いからも電話がかかってきました。沿岸エリアに来ることはないだろうか、とのこと。聞けば、何もかもが足りないといいます。特に、葬儀会社が足りない。なきがらの損傷が激しく、家族がお別れできない状況があちこちで起こっているのが切実な問題だといわれました。

『おもかげ復元師』

笹原留似子（一九七二年―）、ポプラ文庫、二〇一五年

一万五〇〇〇人以上の死者を出した東日本大震災。二〇一一年三月一一日に起きた地震・津波災害の直後、遺体の顔つきを生前のように復元させるボランティアを続けた女性納棺師がいました。その人は、笹原留似子さん。彼女はなぜこのボランティアをはじめたのか。死んだ人と生き残った人の間を丁寧に結ぶこの仕事について、本人が綴ります。あなたは読んで何を感じますか。

わたしは、彼のもとを訪ねることにしました。そして案内されたのが、岩手県で最も大きい安置所[*4]が置かれていた紀州造林[*5]です。

初めて訪れた日、ちょうど二トントラックでドライアイスが運びこまれているところでした。新たに見つかったなきがらも続々と運びこまれていました。そこで見たのは、初めて訪れた安置所よりも、はるかに多くのなきがらでした。天井の高い、バスケットボールのコートが四つは入りそうな広いスペースに、ずらりと並ぶ棺。圧倒されました。

本当に悲しい光景でした。天井が高いからでしょうか、においはあまりありませんでした。線香がたくさん焚かれていました。

電話をくれた知り合いが、復元をお願いできないか、と早速その場で申し入れてきました。男性の復元でした。この方は、自宅も何もかも津波に流されたとのこと。そばに小学校低学年の子どもの姿がありました。残されたお子さんのようでした。父親の死を受け止められていないようです。

「何度見たっておんなじだよ！　こんなのお父さんじゃない！」

泣き叫んでいます。すでに死後一〇日が経過していました。肌の色は緑がかっていました。しかも、顔半分だけが上を向いた状態で発見されたのでしょう。光があたっていた部分と、地面に接していた部分とで色が変わってしまっていました。

1 沿岸エリア　ここでは、津波に襲われた岩手県宮古市の沿岸エリアを指す。

2 宣承さん　碧祥寺というお寺の副住職、太田宣承さん。地域の青年リーダーとしても活動していた。

3 釜石市　岩手県の沿岸部にある市。

4 安置所　一時的に遺体を保管しておく場所のこと。

5 紀州造林　紀州造林株式会社（現・北越パレット株式会社）の工場があったことから（二〇〇九年に閉鎖）こう呼ばれた。

この年頃の男の子にとって、お父さんは特別な存在です。大好きで大好きでたまらない。遊んでもらったり、勉強を見てもらったり。一緒に走り、とっくみあいをし、キャッチボールをし、転がりまわる。お父さんはヒーローであり、かけがえのない最高の友人なのです。

わたしはそれまでの納棺[*6]で、そのことを知っていました。だからこそ、お父さんとのお別れはつらい。そのうえに、現実は変わり果てた姿なのです。とてもお別れなどできない、と思いました。

わたしは彼に声をかけました。

「そうだよね。お父さんじゃないよね。ちょっとおじいちゃんたちと向こうで待っててくれるかな。お父さんを元に戻すから。」

たくさんの棺が並んでいるなか、わたしはこの棺の左側にかがんで、なきがらに向かいました。あの子のためにも、生前と同じお父さんに戻そう。

まずは皮膚にやわらかさを戻さなければなりません。お顔のマッサージから始めました。

皮膚が地面についていた部分は、特に念入りにマッサージをします。わたしの肌のぬくもりが伝わると、皮膚は次第にやわらかくなっていきます。

お顔には大小の陥没がいくつもありました。その部分には綿花を詰め、上から特殊

6 納棺　遺体を棺の中に納めること。入棺。

なパテ[*7]を塗って皮膚のようにならしていきます。小さな傷は、ファンデーション[*8]で見えないようにします。さらにクリームを使って下地を作り、笑いじわを意識しながらお父さんにしかない血色付けを施していきます。

激しい津波に遭ったのでしょう。右手や左腕が激しく損傷していました。足も同様です。わたしはバッグのなかから新しいゴム手袋を出し、綿花を詰めて形を作りました。お顔だけではありません。ご家族が棺のなかを見たときに違和感のないよう、なきがら全体を戻さなければなりません。

復元は一時間ほどで終わりました。安置所での、初めての復元。緊張し、へとへとに疲れました。

男性の皮膚はいつもの色に戻り、頬にはほんのり赤みも差しました。やさしいお父さんだったのでしょう。目尻の脇には、笑いじわがたくさんありました。わたしはそれを強調して、お顔の形をととのえました。にこやかに微笑む、やさしいお父さんが戻りました。

家族を呼びました。おじいちゃん、おばあちゃん、お母さん、そして小学校の男の子。誰もが下を向いたまま。とりわけ男の子はしょんぼりした表情です。

ところが、棺に近づくと、まずは大人たちの表情が一変しました。みるみる赤みが差し、驚きの表情を浮かべています。生前、一緒に生活をしていた息子が、夫が、棺

7 パテ　ペースト状の接合剤。［英語］putty

8 ファンデーション　固形やクリーム状のおしろい。［英語］foundation

のなかに現れたのです。すると次の瞬間、男の子が棺に駆け寄ってきました。

「うわぁー、お父さんだ、お父さんだ！　お父さん、お父さん、起きてよ、お父さーん。」

男の子は棺の外から、何度も呼びかけました。大粒の涙が頬を伝っていきました。本当に大好きだったのでしょう。涙でぐしゃぐしゃになった顔で、そこから一歩も動かず、お父さんを見つめて呼びかけています。そんな彼を、後ろからおばあちゃんがそっと抱きしめました。わたしは男の子に話しかけました。

「お父さんが、戻って来たね。大好きだったお父さん、よかったね。」

家族のみなさんには、こう伝えました。

「お子さんには、たくさん話しかけて、たくさん触らせてあげてください。感情を思いきりぶつけるのが、子どもにとっては何より大切なことです。大好きだったお父さんとの想い出も、たくさん聞いてあげてください。お父さんのためにも、お父さんのいい想い出と、生前の一番良い顔を思いだしてあげてください。」

ご家族は深く頭を下げられました。みなさん、涙を流されていました。

すべてを失っていたご家族でした。わたしは、何も受け取りませんでした。思えばこれが、復元ボランティア*9の始まりでした。

9 **ボランティア**　保育・看護などさまざまな分野の社会事業に、自発的に無報酬で参加する人。［英語］volunteer

手引き

1　子どもが父親に「とてもお別れなどできない」（47・6）のはなぜか、本文をもとに説明してみよう。

2　「思えばこれが、復元ボランティアの始まりでした」（49・15）という最後の一文から、この経験が笹原さんにとってどのようなものだったか、考えてみよう。

ナイチンゲールと統計学

瀧本哲史

「戦場の天使」の意外な素顔とは⁉

いまから二〇〇年近く前、一九世紀のイギリスに鋭い知性で世間の常識を疑い、ひとりで闘った気高い女性がいました。彼女の名は、フローレンス・ナイチンゲール[*1]。そう、おそらく世界でいちばん有名な看護師です。

みなさんはナイチンゲールと聞いて、どんな女性をイメージしますか？

きっと「天使のような看護師」を思い浮かべるでしょうし、少し詳しい人なら「戦場の兵士たちをやさしく看護した女性」と答えるかもしれません。

たしかにそれも間違いではないのですが、ナイチンゲールが歴史にその名を残した理由は、もっと別のところにあります。

彼女は、ただひたすら看護に尽くしただけの女性ではありません。「事実としての

『ミライの授業』

瀧本哲史（一九七二―二〇一九年）、講談社、二〇一六年

投資家・コンサルタントとして活躍した瀧本さんは、全国の中学生に、「未来を変える」ための授業をしてきました。その授業の内容は、世界を変えてきた偉人たちに学び、未来を変える法則を見つけ出すこと。例えば、「クリミアの天使」として知られる看護師ナイチンゲールの意外な姿とは？　瀧本さんの授業をまとめたこの本は、あなたの未来の選択にもヒントを与えてくれるはずです。

正しさ」を見極め、大きな「課題発見」を成し遂げた女性だったのです。

一八二〇年、ナイチンゲールはイギリスの裕福な家庭に二人姉妹の妹として生まれました。彼女の人柄を示す、有名なエピソード[2]があります。

幼いころ、人形をプレゼントしてもらったナイチンゲール姉妹。姉のパーセノープは、人形を乱暴に扱って、びりびり洋服を引き裂いて遊んでいました。一方、その隣に座るナイチンゲールは、姉が引き裂いてしまった洋服を針で縫ってあげていました。

なんて心やさしい女の子だろう、と思いますよね？　でも、これを見たナイチンゲールの母親はまったく別の感想をもちました。

子どもが人形を投げ飛ばしたり、その服を破ったり、庭で見つけた虫をつぶしたりするのは、ある意味「子どもらしい」行動だ。かわいらしいし、笑って見ていられる。でも、妹のフローレンス（ナイチンゲール）は違う。子どもらしさのない、扱いにくい子だ。なにを考えているのかよくわからない、変わった子だ。

……母親が感じた不安は、およそ二〇年後により明確なかたちとなって現れます。二五歳になったナイチンゲールは、思いきって両親に自分の夢を打ち明けたのです。「病院で、看護の仕事に就きたい」という夢を。

両親のショックは大変なものでした。

1 **フローレンス・ナイチンゲール**　Florence Nightingale　一八二〇－一九一〇年。イギリスの看護師・看護学者。

2 **エピソード**　ある人や物事にまつわる、ちょっとした話。挿話。［英語］episode

いまでは考えられないことですが、当時の人々にとっての看護師とは、知性や品性のかけらも感じられないような、社会的身分の低い仕事だと見なされていました。病院は、不潔で汚いところ。みじめな人たちが寄り集まっているところ。そして看護師は、酔っぱらった患者たちを相手にしながら、病院や患者のもちものを盗んだりする、下品な職業。それが常識の時代だったのです。

当然、両親は猛烈に反対します。

なに不自由ない上流階級に生まれ、最高の教育を与えられ、社交界デビュー[*3]まで果たした娘が、まさか看護師になりたい、あんなに下品で汚らわしい職業に就きたいと言い出すとは。両親のショックは計り知れなかったことでしょう。けっきょく、いったんは両親の説得を受け入れたナイチンゲールですが、やはり自分の夢をあきらめるわけにはいきません。

その後も、時間を見つけては医学に関するレポートや衛生局のパンフレットなどを読みあさり、ヨーロッパじゅうの病院や救護所を見学して歩きました。

そして、ついに両親から自立することを決意した彼女は、三一歳にしてドイツへと渡り看護の訓練を受け、三三歳のときにロンドンにある慈善看護施設の総監督に就任します。周囲の猛反対を押し切って、自分の夢をかなえたのです。

3 **社交界**　有力者、著名人やその夫人、娘などが集まって交際する社会。

さて、ちょうどそのころイギリスは、ロシアとオスマン帝国[*4]（トルコ）のあいだで勃発した、クリミア戦争[*5]に巻き込まれてしまいました。

そして戦地では、医師や看護師が極端に不足していました。負傷した兵士たちの包帯を換える人間さえ、足りないほどでした。新聞でそのことを知ったナイチンゲールは、すぐさま行動に出ます。ぜひ戦地におもむいて兵士たちの看護にあたりたいと、戦時大臣[*6]に手紙を送ったのです。

こうして一八五四年、三四歳のナイチンゲールは看護師団を率いて戦地へと向かいました。これはイギリス全体を熱狂させる「事件」でした。新聞は、彼女のことを「身の危険もかえりみず、祖国のために立ち上がった上流階級のヒロイン」として大きく報道しました。ナイチンゲールのような上流階級の女性が看護師になること、しかもみずから志願して戦地におもむくこと。これは当時の人々にとって信じられない出来事だったのです。

もし、このクリミア戦争への派遣がなければ、ナイチンゲールの名はほとんど誰にも知られないまま消えていたでしょう。せいぜい、「ちょっと変わった上流階級のお嬢さん」として記憶された程度だったでしょう。

さらには、看護師という仕事も、社会的地位が低いままだったかもしれず、現代人の平均寿命さえいまより短いままだったかもしれません。

4 オスマン帝国　中央アジアから移住したトルコ人によって、西部アナトリアに建国されたイスラム王朝（一二九九―一九二二）。

5 クリミア戦争　一八五三―五六年、ロシアと、トルコ・イギリス・フランス・サルデーニャ連合軍との間で起きた戦争。

6 戦時大臣　イギリスの官職。陸軍の行政と組織に権限と責任を有し、戦争省を統括するが、軍事政策を定める権限はなかった。

いったい彼女は戦地でなにを見て、なにを考え、どんな行動に出たのか？

★ナイチンゲールがその本領を発揮するのは、ここからです。

ナイチンゲールが暴いた「戦争の真実」

ナイチンゲールが戦地で見たもの。それは、床が腐り、壁には汚れと埃がこびりつき、いたるところに害虫が這いまわる、あまりに不衛生な病院でした。空気を入れ換えることもできず、鼻をつくような悪臭が立ちこめていたといいます。

さらに、医療器具や薬品が足りないのはもちろんのこと、ベッドも燃料も足りず、石鹸にタオル、お皿や洗面器、スプーンやフォークといった日用品まで不足している、とても病院とは呼べない惨状です。

この戦地の病院で、ナイチンゲールは不眠不休ともいえる熱心さで、患者たちの看護にあたりました。傷を負った無数の患者たちに包帯を巻くため、八時間もひざまずきました。そして最初の冬だけで二〇〇〇人もの臨終につき添い、重態の患者ほど彼女自身が看護にあたりました。あたりがまっ暗になった深夜、ランプを掲げて院内をひとり巡回する彼女の姿は、「ランプの貴婦人」として後世にまで語り継がれることになります。

しかし、このときナイチンゲールは、看護よりもずっと大切な「仕事」に着手していました。のちに彼女は、「看護の仕事は、わたしが果たさねばならない仕事のなかで、もっとも重要度の低いものだった」と振り返っています。

ナイチンゲールが取り組んでいた、壮大な「仕事」とはなんだったのか？

その全貌が明らかになったのは、クリミア戦争が終結し、彼女がイギリスに帰国したあとのことでした。

当時、新聞などを通じて「クリミアの天使」ナイチンゲールの活躍は、イギリス国内でも連日のように報道され、彼女は国民的なスターになっていました。そうした喧騒を嫌うように、偽名を使ってひっそりと帰国したナイチンゲールは、さっそく大きな仕事に取りかかります。

戦場におもむいた兵士が、亡くなってしまうこと。つまり戦死すること。

この「戦死」という言葉を聞いて、みなさんはどんな姿をイメージしますか？

銃弾や砲撃にさらされ、その傷が原因で亡くなってしまうこと。戦死者とは、とうてい助からないような深い傷を負って亡くなった人のことだ。きっと、そんなふうに考えるのではないでしょうか？　少なくとも当時のイギリスの「常識」はそうでした。

ところが、★ナイチンゲールが戦地で見た現実は、まったく違います。

前線で負傷した兵士たちが、不衛生極まりない病院に送り込まれる。医療物資も生

★
どんな現実？

活物資も足りない、いたるところにダニやシラミがうごめくような病院に、押し込まれる。ここで感染症に罹患*7することによって、本来は助かったはずの命が失われていく。戦場の兵士たちは、戦闘によって亡くなるのではなく、劣悪な環境での感染症によって亡くなっていくのだ。それがナイチンゲールの結論でした。

当然、彼女としては、政府に対して「戦地の衛生状態を改善してほしい」と訴えなければなりません。数多くの兵士が、戦闘とは直接関係のないところで亡くなっているのです。このまま放置するわけにはいかないでしょう。

しかしこれは、政府や陸軍に対して「あなたたちは兵士を無駄な死に追いやっている」と告発することでもあり、政治的なスキャンダル*8にもつながりかねない話でした。おそらく普通のやり方で改善を求めても、認められないでしょう。

そこでナイチンゲールが使った武器が、看護師の道に進む以前、ずっと学んできた数学であり、統計学だったのです。

最初にナイチンゲールは、クリミア戦争における戦死者たちの死因を「感染症」と「負傷」、それから「その他」の三つに分類し、それぞれの数を月別に集計していきました。

その結果、たとえば一八五五年一月の場合、感染症による死者が二七六一人、負傷

7 **罹患**　病気にかかること。

8 **スキャンダル**　よくないうわさ。醜聞。［英語］scandal

による死者が八三人、その他の死者が三二四人となっています。つまり、負傷を原因とする死者の三〇倍以上もの兵士たちが、感染症によって亡くなっていたのです。

しかも彼女は、戦死者の数を集計しただけではありません。

きっといま、みなさんもずらずらと数字を読み上げられて「ちょっと面倒くさいな」とか「なんとなくイメージしづらいな」と思ったことでしょう。数学や計算が苦手な人は、たくさんの数字が並んでいるだけでうんざりしてしまうものです。

そこで彼女は、「コウモリの翼」と呼ばれる独自のグラフを考案し、死因別の死者数をひと目でわかるようにビジュアル化しました。当時はまだ、棒グラフも円グラフも普及していなかった時代。それでもたくさんの人にこの事実を知ってもらおう、理解してもらおうと、まったくオリジナルのグラフをつくったのです。

ほかにも、当時イギリスでもっとも不健康な街とされていたマンチェスター市と死亡率を比較したり、兵士たちの年齢別死亡率をイギリスの平均値と比較したり、兵舎とロンドンの人口密度を比較したり、さまざまな統計データを揃えました。

こうしてナイチンゲールは、ヴィクトリア女王[*9]が直轄[*10]する委員会に一〇〇〇ページ近くにもおよぶ報告書を提出します。どんな権力者であろうと反論できない、客観的な「事実」を突きつけたわけです。

9 ヴィクトリア女王 Queen Victoria 一八一九―一九〇一年。イギリス女王。

10 直轄 直接に管轄すること。直接の支配。

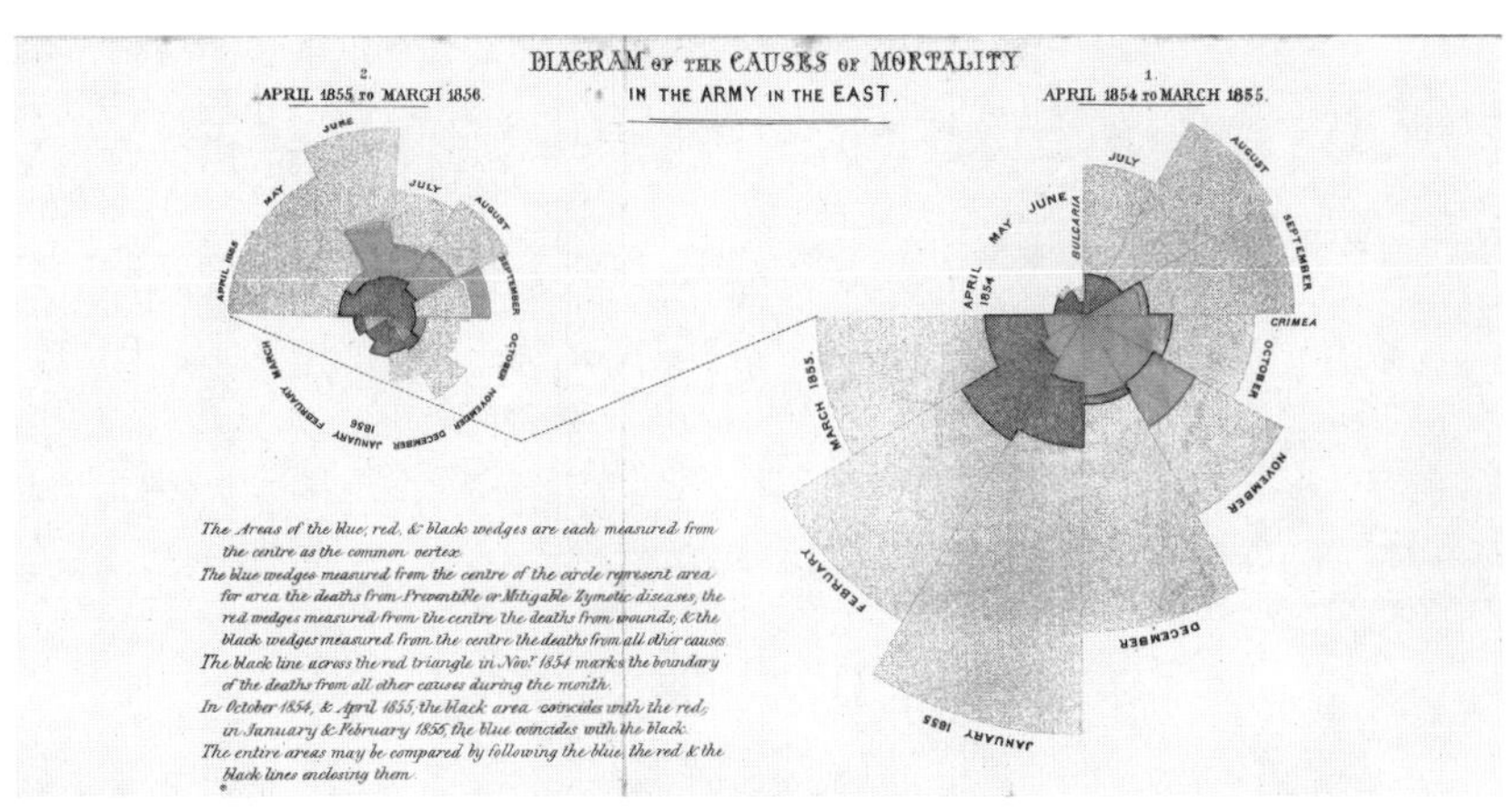

「コウモリの翼」と呼ばれる円グラフ

その結果、戦場や市民生活における衛生管理の重要性が知れ渡り、看護師という仕事が再評価され、感染症の予防にも大きく貢献していくことになりました。

報告書の提出後も、彼女はベッド数から天井の高さ、窓の数までを細かく指導して感染症が蔓延しにくい病院（ナイチンゲール病棟）を建築設計したり、看護師学校を設立したりと、精力的に活動していきます。

もし、彼女が数学や統計学の素養をもたない、善良なだけの看護師だったなら、目の前の患者を助けることに精いっぱいで、医療態勢や衛生管理の構造的な欠陥に気づくこともなかったかもしれません。また、仮に気づいたとしても、それを裏づけるデータがなければ彼女の意見に耳を貸す人はいなかったはずです。

　戦場の兵士たちを救い、不衛生な環境に暮らす人々を救い、イギリスはもとより世界の医療・福祉（ふくし）制度を大きく変えていったのは、看護師としてのナイチンゲールではなく、統計学者としてのナイチンゲールだったのです。

手引き

1 ―「看護よりもずっと大切な『仕事』」（56・1）とは、どのような仕事か、説明してみよう。

2 ―この文章で紹介（しょうかい）されているナイチンゲールの生き方で、特に印象に残った点を挙げてみよう。

もっと読むなら

『増補新版　いま生きているという冒険』
石川直樹 著
新曜社〈よりみちパン！セ〉、二〇一九年

石川直樹さんがはじめて海外一人旅に出たのは高校二年生の時のインド旅行。混沌としたインドの地とそこに暮らす人々との出会いに、日本では決して出会えない「世界」を感じた石川さんは、大人になって世界を旅する冒険家となります。

アラスカ、北極、南極、チョモランマ、ミクロネシアの島々、そして熱気球での太平洋横断挑戦。この本では、石川さんが旅の先々で出会う大自然や人々、そこでの暮らしが、美しい写真とともに活き活きと描かれています。彼が綴る冒険の様子に、そして「生きる」ことを実感するため冒険に出る石川さん自身の生き方に、きっと読者のあなたも魅了されるに違いありません。

三〇〇ページあることを感じさせない冒険旅行の最後には、みなさんへのメッセージも。この本を読み終えた時、その言葉がきっとあなたの胸にも熱く響いてくるはずです。

『バッタを倒しにアフリカへ』
前野ウルド浩太郎 著
光文社新書、二〇一七年

昆虫の研究者になってバッタに食べられたい！　子どもの頃にそんな変な夢を持った前野さんは、アフリカの砂漠の国・モーリタニアでサバクトビバッタの生態を調べることに。現地に降り立った前野さんを迎えたのは、慣れない異文化と、研究所の仲間と、そして大量発生するバッタでした。

本書は、さまざまなトラブルにも負けずにたくましく研究をすすめる若き研究者・前野ウルド浩太郎さんの奮闘記です。とにかく読んでいて楽しい本。なかには厳しい内容もあるのに、軽妙な書きぶりのおかげで、どんな大変さも楽しく読めてしまう。読んでいるうちに、あなたも、前野さんを応援したくなるでしょう。

大人向けの新書として刊行され、大ヒットして児童書版も出た本書、面白さは折り紙つきです。そうそう、著者名にある「ウルド」の意味も、読んでいくとわかりますよ。

next books

もっと読むなら

『裸でも生きる――25歳女性起業家の号泣戦記』
山口絵理子 著
講談社＋α文庫、二〇一五年

著者の山口さんは「七転び八起き」という言葉が似合う、とてもパワフルな人です。いじめにあった経験のある山口さんは、高校では「強くなりたい」と「男子柔道部」に飛び込み、女子柔道で日本のトップクラスになります。また学生時代には、インターンとして働いた国際機関で途上国援助に矛盾を感じ、バングラデシュに渡って日本人初の大学院生になってしまいます。そして『施し』ではなく、先進国と途上国との間の対等な経済関係が必要だという信念のもと、二三歳で起業を決意します。

「起業」と一言で言っても、失敗したり、信じていた仲間に裏切られたり……異国の地で、すべてが順風満帆とはいきません。それでも山口さんはめげることなく、目標を達成していきます。この本を読んだ人は、そのつど広い世界に飛び出して、ちょっとやそっとのことではめげずに突き進む山口さんの姿勢に、勇気をもらえることでしょう。

『エンド・オブ・ライフ』
佐々涼子 著
集英社インターナショナル、二〇二〇年

舞台は京都にある在宅診療所。患者は末期がんで余命が限られた人たちです。医療スタッフの温かく献身的な支えによって、患者たちは、残された日々を幸福に、そして尊厳をもって生き抜きます。そんな中、診療所の看護師に末期のがんが見つかりました。これまで多くの人たちを看取ってきたプロフェッショナルがとる行動とは……正面から取りあげられる死や、それを看取る人々をめぐる数々のエピソードを通して、生きることの意味や家族と過ごす時間の価値について考えさせられます。

この本はまた、難病を抱える母親と、献身的に介護する父親という、佐々さん自身の家族のエピソードも語られていて、読者も自然と、自分や家族の命の閉じ方に想いをはせることになるでしょう。読み終わった後、日々の暮らしの何気ない時間や、身近な人たちとの関係が愛おしくなる一冊です。

next books

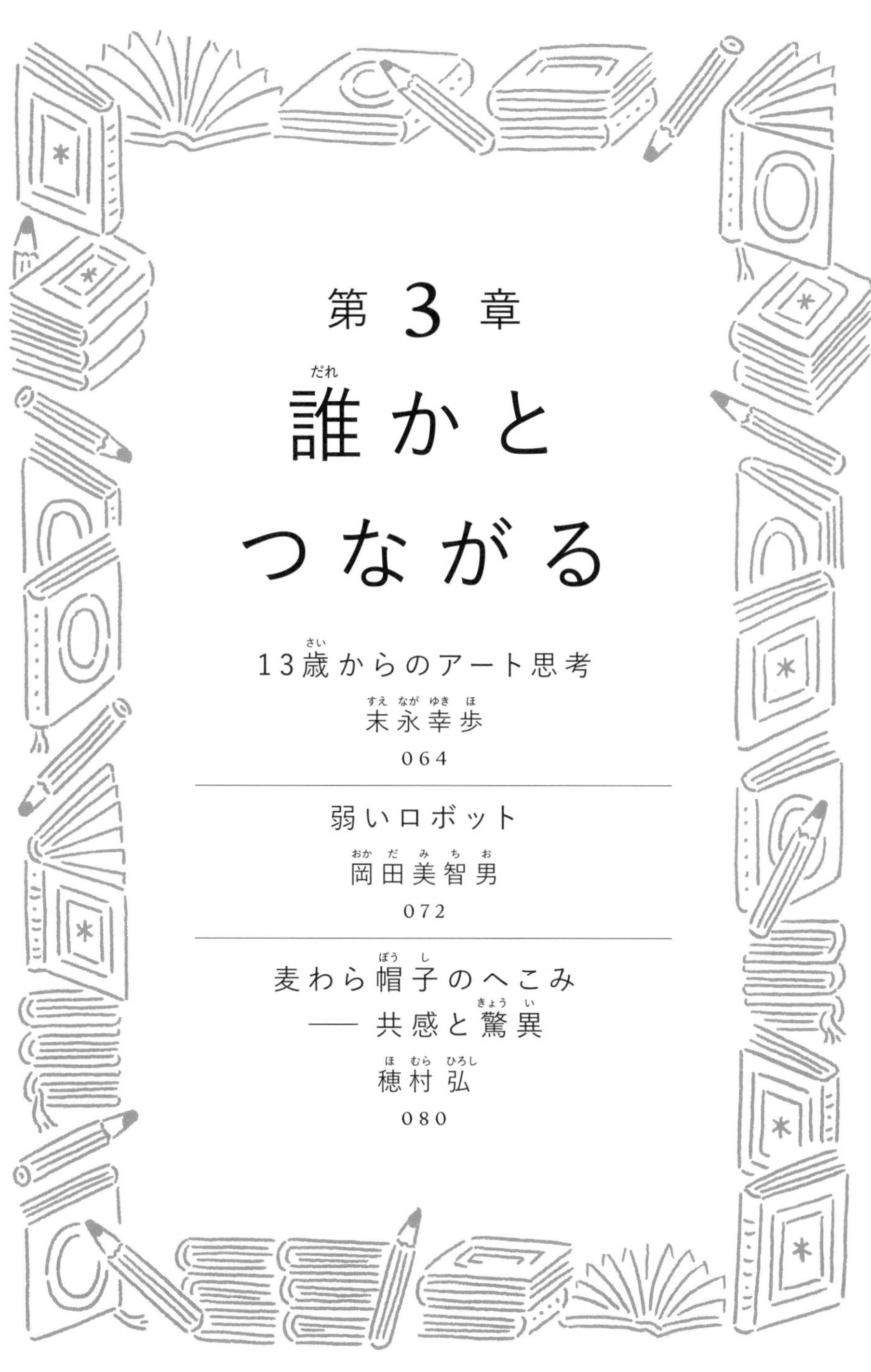

第3章
誰(だれ)かとつながる

13歳からのアート思考

末永幸歩

私は二〇一七年に、フィリピンとニュージーランドへ長い旅に出ました。約一年間にわたる旅が終わるころ、ニュージーランドでの長距離バスのなか、果てしなく続く田園風景に沈んでいく夕日を見ながら「ある音楽」を聴きました。ザ・ビートルズ[*1]の『イン・マイ・ライフ』という曲です。「いろいろな場所に記憶があり、それらは決して色褪せることがない。でも、そのどれよりもいまあなたを愛している」という内容を歌ったもので、私が大好きな曲の一つです。

この音楽が自分のなかに入ってきた瞬間、旅のあいだに起こったいろいろな出来事、出会った人々、私を送り出し支えてくれた人のことが想い出されて、胸がいっぱいになりました。

いまでもこの曲を聴くと、そのときの感情がはっきりと呼び覚まされます。

多かれ少なかれ、みなさんにも音楽にまつわる似たような経験はあるのではないでしょうか。

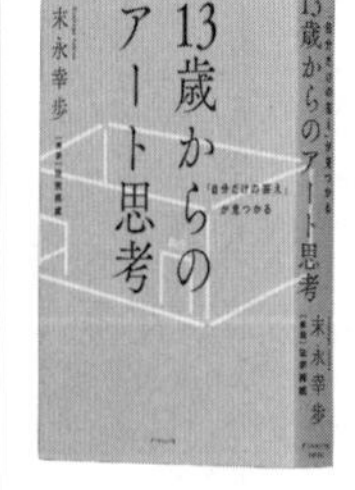

『「自分だけの答え」が見つかる**13歳からのアート思考**』末永幸歩（一九八七―）、ダイヤモンド社、二〇二〇年

たとえば名画を前にした時に、何か正しい解釈を言わなければならない気分になったり、知識がなくて自分の見方に自信が持てなかったり――この本は、そんなありがちな「誤解」を、美術教師の末永さんが、やさしく解いてくれる本です。具体的なアート作品がたくさん出てきてとても読みやすい本ですが、一つひとつじっくり味わい、自分と対話しながら、ページをゆっくりめくってほしい一冊です。

しかし、考えてみてください。

この曲の作者とされるジョン・レノン[*2]は、おそらく彼自身の経験や記憶をもとに歌詞を紡いだはずです。それは、彼が生まれ育ったイギリスのどこかの場所や、彼が愛した人のことであったかもしれません。少なくとも、私が訪れた地や、私が大切にしている人たちのことではないはずです。

だからといって、誰も「私の感じ方が間違っている」とはいわないでしょう。『イン・マイ・ライフ』とそれを聴く人との「作品とのやりとり」から生み出される「答え」は、作者であるジョン・レノンがこの曲に込めた「答え」と同じように価値があるはずです。

音楽を聴くとき、私たちは「作者はなにを表現したかったのだろう?」「ここはどう解釈するのが『正しい』のだろう?」「作者の意図がわからないからこの曲は理解できない……」などと考えてばかりはいません。ただ純粋にその作品だけに向き合っている瞬間があるはずです。

このように、音楽の鑑賞においては、多くの人がごく自然に「作品とのやりとり」[★]をしているのです。

1 ザ・ビートルズ The Beatles 一九六〇年代から七〇年代にかけて活動した四人組のイギリスのロックバンド。「イエスタデイ」などの楽曲がある。

2 ジョン・レノン John Lennon 一九四〇—八〇年。ビートルズのリーダー的な存在だった音楽家。

しかし、どういうわけか美術作品となると、作品の見方は「作品の背景」や「作者の意図」だけにあると考えられがちです。

他方、鑑賞者による「作品とのやりとり」は軽んじられる傾向があります。作品を見て「う～ん、ちょっとわかりません……」などといっている人は、まさにその典型でしょう。

しかし、美術の世界にも音楽と同じように「作品とのやりとり」という見方があるのなら、作者の意図とはまったく関係ないところで、「《睡蓮》[*3]にはかえるがいる！」といってもいいはずです。

それはよくいわれるような「感じ方は人それぞれ」「アートはなんでもあり」という表層的な話ではありません。むしろ、みなさんの「作品とのやりとり」が、作者とともにアート作品をつくり出しているのです。

「背景とのやりとり」と「作品とのやりとり」という二つの鑑賞法には、それぞれ違った面白さがあり、その双方がアートをより充実させてくれるというのが私の考えです。

3《睡蓮》 フランスの画家クロード・モネ（一八四〇―一九二六年）の絵画。睡蓮が浮かぶ池を描いた一連の作品。

アーティストのマルセル・デュシャン[*4]も、こう語っています。

「作品はアーティストだけによってつくられるものではない。見る人による解釈が、作品を新しい世界に広げてくれる。」

さて、以上の内容を踏まえて、後半はエクササイズをやってみましょう。

ちょっと頭が疲れたと思いますので、気楽に取り組んでいただければと思います。[*5]

4 **マルセル・デュシャン** Marcel Duchamp　一八八七—一九六八年。フランス生まれの画家。日用品を芸術作品として提出する、いわゆる「レディーメイド」のオブジェを発表した。

やってみよう

100文字ストーリー

まずはリラックスした状態で、
次の絵を1分間じっくりと見てください。

次に、「あなたがこの絵から感じたこと」をもとに、
100文字程度で短いストーリーを考えます。
これはまさに、作品から感じたことを言葉にする
「作品とのやりとり」です。
用意はいいですか？　それでは、はじめましょう！

いかがでしょう？　このエクササイズ、簡単そうに思えますが、じつはかなり難しいのです。というのも、「作品とのやりとり」をしているつもりでも、多くの人はつい次のように考えてしまうからです。

「おそらく作者は〇〇を表現したかったのではないか？」

この考えのウラには、「『作品の見方』は作者が持っている」という思い込みが見え隠れしています。作者の意図を推測し、それを「いい当てよう」としているのです。

繰り返しますが、このような見方がいけないわけではありません。それもれっきと[*5]した一つの鑑賞方法です。しかし、今回のエクササイズの狙いは、鑑賞者であるあなたが「作品とのやりとり」をすることです。作者のことはいったん忘れて、「あなた自身がこの作品だけから感じたこと」をストーリーに落とし込んでみてほしいのです。

さて、みなさんはこの絵からどのようなことを感じ取ったのでしょうか？　「一〇〇文字ストーリー」を聞いてみましょう。

5 れっきとした　明白であるさま。はっきりとしているさま。

「カタカタ……深夜二時。ある男がスマホの画面をにらむ。この男はいまなにを見ているのだろうか？　そしてなにを考えているのだろうか？」

「ここは深い穴のなか。頭上高くには小さな出口が見える。手を伸ばしても、飛び上がっても届かない。叫んでも、誰も顔を出す気配すらない。はあ……どうしたらいいんだ。」

「雨の日の夜、通勤ラッシュの人混みに揉まれる私。いやというほど人がいるのに、誰も私を気にかけないし、私も誰のことも気にかけない。私はいつも一人ぼっちだ。」

一枚の絵から、じつにさまざまなとらえかたができるものですね。

ここで、この作品の「背景」を種明かしすると、これはある一人の生徒が描いた絵です。作品のタイトルは《希望》――。

せっかくなので、この絵を描いた本人にも話を聞いてみたいと思います。

「中央の白い部分は、小さな希望の扉です。ふつう、『希望』と聞いて思いつくのは、パステルカラーなどの明るい色や、キラキラしたイメージだと思いますが、この絵では思い切って扉の周りを真っ黒にしました。それによって、白い部分が、より明るく輝（かがや）いて見えると考えたからです。小さいけれど力強い希望が表現できたと思っています。」

あなたが作品から紡いだストーリーと、作者が意図していたこととは、まったく違ったかもしれません。しかしそれでも、「ああ、そうだったのか……。そこまではわからなかったなあ！」なんて思う必要はありません。

「作品とのやりとり」は、作者とあなたがフィフティー・フィフティー[*6]で作品をつくり上げる作業なのですから。

6 **フィフティー・フィフティー**　五分五分。半々。［英語］fifty-fifty

手引き

1 「作者とともにアート作品をつくり出している」（66・10）とはどのようなことか、説明してみよう。

2 画集や美術館の絵を見て、「一〇〇文字ストーリー」を作ってみよう。

弱いロボット

岡田美智男（おかだみちお）

周囲の関心を独り占（じ）め

赤ちゃんはいつ見ても、不思議なものだなあと思う。手や指はとても小さくて精巧（せいこう）なつくりをしている。キカイキカイした「手」や「指」であれば、私たちにでも頑張（がんば）ればなんとか作れるかもしれないけれど、この精巧で柔（やわ）らかい手や指には脱帽（だつぼう）してしまう。眺（なが）めているだけでいつまでも飽（あ）きることがない。

それに加えて、「とてもかなわないなぁ」といつも思うのは、乳児のかわいらしさに備わる、その不思議なちからに対してである。

乳児は養育者の腕（うで）の中に抱（だ）かれている。ときおり小さなあくびをする。まだ歩くこともできないし、モノをつかむ力も弱い。残念ながら言葉を操（あやつ）ることもできない。「一人では何もできない」という意味で、家庭の中ではもっとも弱い存在のように思

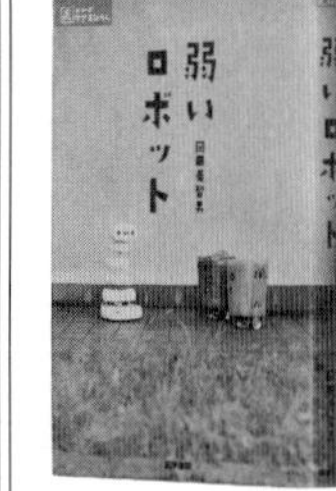

『弱いロボット』

岡田美智男（一九六〇年―）、医学書院〈シリーズ ケアをひらく〉、二〇一二年

自分でゴミを拾えない〈ゴミ箱ロボット〉、もじもじしながらティッシュを配ろうとする〈アイ・ボーンズ〉、「む〜む〜」の声にあわせて揺（ゆ）れる〈む〜〉——岡田さんの開発するロボットは、常識とは逆に弱さを隠（かく）しません。むしろそのことで、周りの人たちの優（やさ）しさや強みを引き出します。この本にはそんな〈弱いロボット〉たちが出てきて、コミュニケーションや人間関係について新しい見方を与（あた）えてくれます。

われる。

ところがどうだろう。乳児がすごいところは、「何もできない」のに周囲の人たちの関心を独り占めにしてしまうことである。

子どもが少しぐずりだすと、周りにいる人たちは慌て始める。

「あれ、そろそろ眠くなってきたのかな。」

「それとも、オムツの交換だろうか。」

「もうお腹がすいたのかなぁ。」

「でも、さっきミルクを飲んだばかりだよなぁ……。」

みんなの謎解きが始まる。この、わかりそうでいてなかなかわかりにくい微妙なシグナル[★*1]がポイントなのかもしれない。

そうしたことを何度か繰り返していると、乳児からのシグナルを読み解くコツがわかってくる。そのコツは他の家族にも共有されていく。家族の中だけで通じるような「家庭内言語」になっていくのだ。

「あっ、このぐずり方はそろそろオムツの交換なんじゃないの？」

1 **シグナル** 合図。［英語］signal

★

私たちが使うシグナルってどんなものがあるかな？

「そろそろかなぁ。」

「そうそう、やっぱりそうだよ。」

シグナルを読み解くためのコツを共有するうちに家族同士の絆も少しずつ深まっていき、このあいだまで新米だった養育者たちの顔つきもたくましく見えてくる。

いつの間にか家族の中で共有される乳児からのシグナルは、家族同士をつなぐ「媒介物[*2]（メディエーター）」になっているようだ。わずかなシグナルを介した手探りのコミュニケーションによって、乳児はしだいに「家族の一員」として受け入れられていく。

「む〜」の開発の過程で生まれてきた「一人では何もできないロボット」というコンセプト[*3]は、たぶん、乳幼児の持つこの不思議なちからへの憧れが背景にあったのだ。

この子はどこで生まれたの？

幼稚園などで子どもたちに囲まれると、「む〜」は乳児のような扱われ方をされる。ちょうど年長さんくらいの年齢だろうか、子どもたちはお兄ちゃんやお姉ちゃんにでもなったかのように「む〜」を迎え入れてくれる。

2 **媒介物**　物事の仲立ちとなるもの。

3 **コンセプト**　基本的な考え方。［英語］concept

む〜

「あっ、む〜ちゃんだ。」

「おいで、おいで。」

「かわいい……。」

しばらく撫でまわしたり目の中をのぞき込んだりして、すぐに自分たちの仲間として引き入れようとする。

「ねぇ、どこで生まれたの？」

「いまいくつなの？」

「お母さんはどこにいるの？」

その屈託のない質問攻めに圧倒される。

「あっ、ロボットだ！」と認識しつつも、子どもたちにとって「む〜」は、自分たちと同じ世界に生活している友達のような存在なのだ。
「む～ちゃん、何してあそぶ?」との子どもたちからの語りかけに対して「む～」は、む～む～と非分節音[*4]による訳のわからない応答を返している。子どもたちはその反応に一喜一憂したり、勝手な意味づけをして楽しんでいる。ときどき「む～」が黙り込んでしまうと、「もう、ねむいの?」「お腹がすいているのかなぁ」と、謎解きが始まるのだ。

「なり込み」のちから

相手の状態や気持ちを推し量ろうとするときに情報が十分でないと、「ねむいのだろうか」「お腹がすいているのだろうか」と、自分の身体が感じていることを手掛かりに相手が感じ取っていることを探ろうとする。思わず自分の身体を相手の身体に重ねてしまうのだろう。これは、「なり込み」とか「のり込み」と呼ばれている。

「引き算」の効用なのだろうか、ピングー[*5]の非分節音のように実質的な意味が隠されてしまうと、「なり込み」による解釈、つまり「関係としての同型性」に依拠した解釈が私たちから引き出されてくる。乳児の喃語[*6]などは、この性質を上手に利用しているように思われる。

4 非分節音　十分な意味を備えていない言語音。

5 ピングー　南極に住む、いたずら好きのコウテイペンギンの男の子ピングーが主人公のアニメ。

6 喃語　乳児の発する、言葉

にならない声。

「そのミルクを取ってちょうだい！」といった明確な意味を伴う言葉は、相手がその意味を解釈する余地を奪ってしまう。一方で、たとえば〝トントン〟という単なる音では、意味をそぎ落とされすぎてしまってどのように解釈していいのかわからない。どこまでそぎ落とせるものなのか、ある意味でバランスが必要なのだろう。

ポイントとなるのは、他者の積極的な解釈を引き出しつつ、その解釈を方向づけるような「最小の手掛かり（minimal cues）」である。乳児がある状況で発する「うぐー」は、私たちの勝手な解釈を引き出しつつも、その解釈を方向づけている。ピングーの世界における非分節音も同じだ。ミッフィーやキティなどの無表情さなども、これらのバランスをうまく踏まえている。

リアリティは、やりとりに宿る

「最小の手掛かり」に導かれて私たちはやりとりを続けるが、こうしたやりとり自体が、その解釈を繰り返し強化していくという側面もある。

「あら、今日はご機嫌でちゅねー」と養育者が乳児に声をかける。すると乳児から「うぐー、うぐー」と喃語での応答が返される。これに気をよくして、また「あら、本当に元気なんでちゅねー」と語りかけを続ける。それに対して「うぐー」という喃語が返される。

「この子は、私と同じような心を持っているんじゃないか」と思えてさらに言葉をかけてみると、その解釈を支持するかのように、子どもから再び「うぐー」の反応。これに促されるようにさらに語りかけを続ける。なにげない一歩を重ねながら、地面との信頼関係を作り上げていくように、である。

「この子には心があるのではないか」という私たちの志向的な構えは、語りかけに対して返される「うぐー」というグラウンディング[*7]によって支えられ、強化される。と同時に、子どもの反応によって強化された志向的な構えによって、「うぐー」の意味がさらに支えられることになる。

このように私たちは、なにげないやりとりの中で、「他者を支えつつ、その他者によって支えられる」というソーシャルなカップリング[*8]の芽を構成し合うようだ。そのカップリングにおいて、か弱い「うぐー」は私たちを揺り動かすちからを備えていき、私たちは応えずにはいられなくなる。

言葉のもつリアリティ[*9]とは、個々の言葉にではなく、むしろこうしたカップリングの中に宿るのである。

7 グラウンディング　歩行するときに繰り出した一歩を地面（グラウンド）が受け止めるように、一方からの動きを他方が受け止め、支える働き。

8 ソーシャルなカップリング　ここでは、「互いに支えつつ、支えられるという、相互に補い合う関係」のこと。

9 リアリティ　現実感。ここでは、「現実に発揮される力」のこと。［英語］reality

手引き

1 乳幼児の持つ「不思議なちから」(74・10)とは何か、説明してみよう。

2 身近なやりとりや遊びの中から、こうした「カップリング」が力を持っている例を考えてみよう。

麦わら帽子(ぼうし)のへこみ

——共感と驚異(きょうい)

穂村(ほむら)弘(ひろし)

短歌が人を感動させるために必要な要素のうちで、大きなものが二つあると思う。それは共感と驚異である。共感とはシンパシーの感覚。「そういうことってある」「その気持ちわかる」と読者に思わせる力である。

頬(ほ)につたふ
なみだのごはず
一握(いちあく)の砂(すな)を示(しめ)し人(ひと)を忘(わす)れず

石川啄木(いしかわたくぼく)[*1]

ふるさとの訛(なまり)なつかし
停車場(ていしゃば)の人(ひと)ごみの中(なか)に
そを聴(き)きにゆく

同

『短歌という爆弾(ばくだん)——今すぐ歌人になりたいあなたのために』
穂村弘（一九六二年—）、小学館文庫、二〇一三年

歌人の穂村さんは、エッセイや評論の書き手としても活躍(かつやく)しています。短歌を読んだときに「この歌、いいな」と思うときがありますよね。穂村さんは、実際の歌と改悪例とを比較(ひかく)しつつ、その仕組みを解明していきます。音の数が限られた短歌の世界は奥深(おくぶか)く、「今すぐ歌人になれる」かどうかはわかりませんが、この本を読んで「自分もつくってみたい」と創作意欲に火がつく人もいるかもしれません。

思い出の一つのようでそのままにしておく麦わら帽子のへこみ　[2]俵万智

シャンプーの香をほのぼのとたてながら微分積分子らは解きおり　同

石川啄木や俵万智の歌が多くの読者を持ったのは、このような共感性に優れているためである。読者は自分自身の体験や気持ちをその作品の上に重ねあわせてカタルシス[3]を得ることができる。

また、このような共感的な歌は、アマチュア[4]の多くが短歌を作ろうとするときにめざすところでもある。

ワイン開け去年とちがうクリスマス　一人淋しくイヴを待つ　悦子

ぎこちない留守番電話のメッセージ　故郷の母のあたたかみ知る　美和子

おはようといつもの時間にベルが鳴る今日もきっとすてきな一日　鶴見智佳子

いずれも短歌の初心者の作品である。それぞれ自分の体験や気持ちに素直につくったことがわかる作品だが、それにもかかわらずこれらの歌には読者を感動させる力が弱い。読者より先にまず歌の作者が自分で自分に共感してしまっているために、他人と共有できる感動を生み出すには至っていないのである。他人に共感するのに比べて、

1 石川啄木　一八八六―一九一二年。貧困と孤独を三行書きの形式で歌った。歌集に『一握の砂』『悲しき玩具』がある。

2 俵万智　一九六二年―。第一歌集『サラダ記念日』が異例のベストセラーとなり、日常会話を多用した口語短歌を広めた。

3 カタルシス　浄化。文学作品などに触れて涙を流すとすっきりするように、感情移入を通して日常生活でたまっていた感情が解放され、快感がもたらされること。

4 アマチュア　職業ではなく、趣味として行う人。素人。

自分で自分の気持ちに共感することはたやすい。この容易さは自分自身の本当の心に向かって言葉を研ぎ澄ますということから限りなく遠いところにある。作者は定型に言葉を組み立てただけで満足してしまい、そのために、結果的に生み出された作品はめざしたはずの共感からも遠ざかることになる。

ここで短歌に不可欠なもうひとつの要素である驚異について考える必要がある。共感＝シンパシーの感覚に対して、驚異＝ワンダーの感覚とは、「いままでみたこともない」「なんて不思議なんだ」という驚きを読者に与えるものである。

石川啄木や俵万智の歌には、共感の要素のほかに、実はこの驚異の感覚が含まれており、その点で先の初心者の作品とは一線を画している。

砂浜に二人で埋めた飛行機の折れた翼を忘れないでね　　俵万智

例えばこの歌の場合、ポイントは「飛行機の折れた翼」にある。実際に埋めたものが何であったかは別として、おそらくこの「翼」は作品化にあたって無数の候補のなかから選ばれたものとみるのが妥当であろう。その結果として「翼」は読者の意表をついた選択になっている。

仮にこの歌のここの部分をブランクにして埋める問題を出したらどうだろう。

砂浜に二人で埋めた●●●●●●●●●●●を忘れないでね

多くのひとは例えば「貝殻」などを選択するのではないか。

砂浜に二人で埋めた桜色のちいさな貝を忘れないでね　　改作例

体験に即しているという点では原作よりもむしろこの方が自然である。つまり多くの読者の体験と一致しているはずである。それにもかかわらず、感動の度合いでは明らかに原作の方が強い力を持っている。「桜色のちいさな貝」では、心の深いところには刺さらないのである。読者の多くは、自分では「飛行機の折れた翼」を砂浜に埋めたことがないにもかかわらず、その思い出に対してより強い感情移入をすることができる。それはなぜだろう。

「翼」と「桜貝」の違いはそのまま、言葉が驚異の感覚を通過しているかどうかの違いである。おかしなたとえになるが、「桜貝」の歌がコップのように上から下までズンドウの円筒形をしているとすれば、原作の方は砂時計のようにクビレを持ったかたちをしている。このクビレに当たるのが「飛行機の折れた翼」の部分である。この歌を上から読んできた読者の意識はここに至って、「えっ？　飛行機の折れた翼？」という、自分自身の体験とはかけ離れた一瞬の衝撃を通過することによって、より★普遍的な共感の次元へ運ばれることになる。

その際一首のなかで「飛行機の折れた翼」は、あくまでも共感へ向かうためのクビレとして機能しており、多くの俵作品同様に、ここに含まれる驚異の感覚は、それ自体の純度を追求されてはいないという点にも注意したい。つまり読者の想像力が全くついて来られないほど驚異的なものは初めからめざしていないのだ。読者は「え？　飛行機の折れた翼？」という一瞬の驚きの後に、「本来は空高く飛んでゆくはずのものが砂に埋められる」という悲しみを読み取る。さらに「二葉で一対であるはずのものが欠けてしまう」といった二人の関係性の暗示をも感じ取るだろう。

では、次の歌はどうだろう。

いたく錆びしピストル出でぬ
砂山の
砂を指もて掘りてありしに
石川啄木

共感と驚異のバランスに関しては、この石川作品の場合も同様で、引用歌は一読し

て先の俵作品との類似性は明らかである。ここでは「錆びしピストル」が砂時計のクビレに当たっている。ここが仮に「朽(く)ちし木片(もくへん)」だったら、どうだろう。

いたく朽ちし木片出でぬ
砂山の
砂を指もて掘りてありしに　　改作例

これでは砂時計のクビレはなくなって、歌は円筒形のコップ型になり、読者は一首のなかで驚異と出逢(であ)う機会を持たず、結果的に一首の感動は消え去ってしまう。「錆びしピストル」の場合も、それが思いがけないものでありつつ、作者のさみしい不能感を暗示するという点で、読者に理解しやすい象徴(しょうちょう)性を持っていることも、「折れた翼」と同様である。

以上の観点から、冒頭(ぼうとう)の引用歌を読み直してみよう。

思い出の一つのようでそのままにしておく麦わら帽子のへこみ　　俵万智
シャンプーの香をほのぼのとたてながら微分積分子らは解きおり　　同

頬につたふ
なみだのごはず
一握の砂を示しし人を忘れず　石川啄木

俵作品では、思い出の象徴として「麦わら帽子」というわかりやすいものをいったん提示した上で、さらにその「へこみ」にまで踏(ふ)み込(こ)んでゆくことで、一首のなかに意識的に狭(せま)いクビレを作っている。これによって、単に「麦わら帽子」を思い出と呼ぶよりもさらに深い共感の次元をひらいている。啄木作品もこれとよく似た構造を持っている。砂というごく身近なものを「一握の砂」と限定することで一気にクビレは狭くなり、これによって読者の胸を締(し)めつけるような感傷★性を獲得(かくとく)している。「麦わら帽子」ではなくて「麦わら帽子のへこみ」、「砂」ではなくて「一握の砂」とすることで、一首をコップ型から砂時計型に変化させているわけだ。

さらに次の二首を比較(ひかく)することでこのクビレの効果を確認したい。

シャンプーの香をほのぼのとたてながら微分積分子らは解きおり　原作
シャンプーの香をほのぼのとたてながら数学の試験子らは解きおり　改作例

★
「感傷（性）」って
どういう意味？

試験監督中の光景を詠ったものと思われるが、「微分積分」を「数学の試験」に変えただけで、意味自体はほとんど変わらないにもかかわらず、歌としては全く退屈なものになっていることがわかる。

砂時計にクビレを作る方法は、「飛行機の折れた翼」といった変わったモノの提示や「一握の砂」といったモノの限定によるとは限らない。

ふるさとの訛なつかし
停車場の人ごみの中に
そを聴きにゆく
石川啄木

この場合は、「そを聴きにゆく」という読者の意表をつく能動性が、クビレとして機能して、一首を支えている。ここからクビレを奪った次のかたちと比較してみよう。

停車場の人ごみの中に
ふと聴きし
わがふるさとの訛なつかし
改作例

光景としてはこちらの方が普通なのだが、原作の切迫(せっぱく)感が消えて、なつかしさの度合いがずっと弱くなっていることに気づくだろう。

ここまでみてきたように、石川啄木や俵万智の作品の多くは一首のなかに驚異のクビレを含んでいる。そしてそのクビレの働きによって万人に理解されるような普遍的な共感の次元がひらかれている。

手引き

1　「クビレの働き」（88・4）とはどのようなものか、説明してみよう。

2　この文章の説明を参考にして、自分で短歌を作ってみたり、次に挙げる歌の「クビレ」がどこにあるのかを説明したりしてみよう。

君かへす朝の舗石(しきいし)さくさくと雪よ林檎(りんご)の香のごとくふれ　北原白秋(きたはらはくしゅう)

サンダルの青踏(ふ)みしめて立つわたし銀河を産んだように涼(すず)しい　大滝和子(おおたきかずこ)

本棚(ほんだな)に戻(もど)されたなら本としてあらゆるゆびを待つのでしょうね　笹井宏之(ささいひろゆき)

もっと読むなら

『ふしぎなことば ことばのふしぎ――ことばってナァニ？』

池上嘉彦 著
ちくまQブックス、二〇二二年

まるで空気のように、ふだんはその存在を意識することなく、当たり前に使っている「ことば」――みなさんは、この「ことば」が何のためにあると思いますか？

人とコミュニケーションをするため？　あるいは、世界を映したりものを考えたりするため？――どちらも正解。けれども言語学者の池上さんは、この本で、ちょっと違った見方を示してくれます。

池上さんは、「ことば」がふとしたときに、不思議なものに思える瞬間を逃しません。なぜ辞書を「ひく」というのか？　子どもの「ことば」が詩のように感じられるのはなぜか？　詩や広告の「ことば」がふだん使うものと違って新鮮に感じられるのはなぜか？――こうした「ことば」をめぐる不思議を皮切りに、池上さんは「ことば」の本質に迫ります。

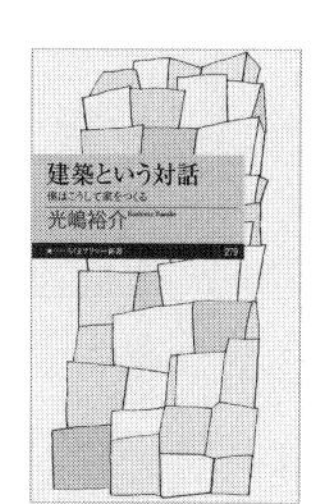

『建築という対話――僕はこうして家をつくる』

光嶋裕介 著
ちくまプリマー新書、二〇一七年

建築家にどのようになったかや、建築という仕事にどのように向き合っているかを実体験に基づいて語ることを通して、広く表現することや生きることについて、光嶋さんの「哲学」に触れられるのがこの本の魅力です。

例えば光嶋さんは、自身の人生を「雪だるまを作る」ことにたとえて語ります。どちらの方向に転がすかを決めるのは自分でも、転がった先でどのような雪と接触し、それがどんな雪だるまになるかは計画できない。さらに、転がる先がどんなふうになっているのかは、実際に転がしてみないと分からない、というのです。

このような、光嶋さんならではのわかりやすい語りがこの本には詰まっています。建築についての本でありながら、それにとどまらず、人との関わり方や、人生における自分の変化など、生き方を考えさせられる一冊です。

もっと読むなら

『異なり記念日』

齋藤陽道 著
医学書院〈シリーズ ケアをひらく〉、二〇一八年

耳の聞こえない写真家夫婦のもとに、聞こえる赤ちゃんがやってきた。初めての子育ては文字通りの手探り状態、小さな発見を積み重ねて家族のつながりが育まれていく、そんな様子を記したエッセイ集です。

家族の中に、異なる人がいる。社会の中にも、異なる人がいる。聞こえるとか聞こえないとか、見えるとか見えないとか、使っている言葉とか。それぞれに異なっていることを、甘さと苦さを抱えながら、それでもすてきなものとして感じることができた日を、筆者は「異なり記念日」と呼びます。

このエッセイ集では、さまざまな人との出会いを祝う「異なり記念日」が、やさしい筆致で描き出されていきます。他者との出会いやコミュニケーション、大切だとわかってはいるけれど時にやっかいだったりもするそういうものを、前向きに捉えられるようになる気がします。

◆

『調べてみよう、書いてみよう』

最相葉月 著
講談社〈世の中への扉〉、二〇一四年

世の中のさまざまな人生や出来事を書き手の視点で切り取るのが「ノンフィクション」というジャンルの魅力。いまあなたが手にとっているこの本でその魅力を感じたら、次はぜひあなたも書いてみませんか？

『調べてみよう、書いてみよう』はノンフィクションライターの最相さんと、四人のサポーター小中学生が、ノンフィクションの書き方を実例つきで教えてくれる本です。テーマの見つけ方、調べる方法、インタビューのやり方、そして実際に書く時はどうするか。こうした実践的な問題に、最相さんは非常に丁寧に答えてくれます。それに加えて、実際の小中学生の作品も例として豊富にあって、私たちの創作を助けてくれるこの上ない執筆ガイドです。

自分の好きなこと、知りたいこと、伝えたいこと。この本を通じてそれを見つけて、他の人に届けてみませんか？あなたの「好き」に共鳴する人はきっといるのですから。

next books

第4章
視点を変える

キリン解剖記

郡司芽久

筋肉の名前

[＊1]シロの解剖では、[＊2]ニーナの時とは違うことが二つあった。

まず一つは、今回は一人じゃないということだ。[＊3]研究室の院生さんに加えて、国立科学博物館の研究員の方が解剖に参加していたのだ。しかもその方は、鳥や爬虫類の首を研究している「首のスペシャリスト」だ。質問できる相手がいるというのは、なんとありがたいことだろうか。

そしてもう一つは、言うまでもないが、「今回が初めての解剖ではない」ということだ。前回の解剖できちんと特定できた筋肉は一つもなかったけれども、ニーナのおかげで、どういう風に筋肉の束が並んでいるか、大雑把な筋肉の構造は頭に入っていた。腱がどのように通っているかもなんとなく記憶しているので、筋膜を外すとき、

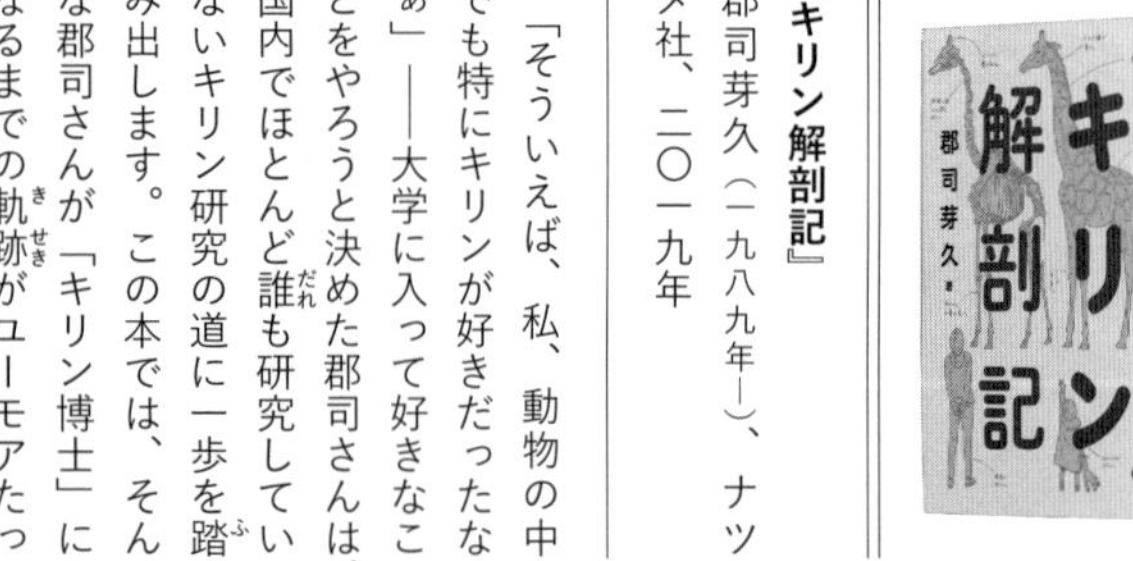

『キリン解剖記』
郡司芽久（一九八九年―）、ナツメ社、二〇一九年

「そういえば、私、動物の中でも特にキリンが好きだったなぁ」――大学に入って好きなことをやろうと決めた郡司さんは、国内でほとんど誰も研究していないキリン研究の道に一歩を踏み出します。この本では、そんな郡司さんが「キリン博士」になるまでの軌跡がユーモアたっぷりに語られています。一人の研究者の歩みとともに、キリンの首の謎を解き明かす探究の記録でもある、ワクワクする本。ふりがな・解説つきのジュニア版もあります。

どこに気をつければいいのか見当をつけることもできそうだ。

大失敗に終わったと思っていたニーナの解剖だったけれど、きちんと自分の中に知識は蓄積している。そう思えたのが本当に嬉しかった。前回の反省を生かし、筋膜と一緒に腱を外してしまわないよう、丁寧に慎重に作業を進めていく。

皮膚を剝がし筋膜を取り除くと、数日前に見たばかりの構造が、前回よりは多少きれいな状態で目の前に広がっていた。今度こそ、どれが何筋かちゃんと特定しよう。気合いを入れ直して、横のテーブルに解剖図のコピーを広げる。

板状筋、頸最長筋、環椎最長筋……教科書に列挙された筋肉を一つずつ確認し、筋肉がどの骨とどの骨を結んでいるかを確認する。教科書に書かれた各筋肉の説明文をじっくり読み、描かれた解剖図と目の前のキリンを見比べながら、どれが何筋なのかの特定を試みてみる。

しかし、やっぱりよくわからない。キリンの首の一番表層には、細く長い紐状の筋肉が多数存在しているのだが、教科書に載っているウシやヤギの筋肉図にはこのような紐状の筋肉が描かれていないのだ。

自分一人で考えていても埒があかない。今回は一人じゃなく、首の解剖のスペシャリストがいるのだ。わからないなら、教えてもらえばいいじゃないか。そう思い、「これって何筋ですか？　板状筋か頸最長筋だと思うんですが……」と尋ねてみた。

1 シロ　筆者が解剖した二体目のキリン。オス。

2 ニーナ　筆者が数日前に初めて解剖したキリン。メスで、シロのパートナーだった。

3 研究室　東京大学の遠藤秀紀研究室。遠藤秀紀（一九六五年―）は動物の解剖研究で有名な研究者。

すると、科博[*4]の研究員の方からは予想外の答えが返ってきた。

「うーん、わからないなあ。まあ、筋肉の名前は、とりあえずそんなに気にしなくてもいいんじゃない？」

相手は、キリンの解剖は初めてとはいえ、私よりもはるかに解剖経験がある、首の構造を専門とする研究者だ。てっきり「これは何とか筋だよ」と答えを教えてもらえると思っていた私は、言われた言葉の意味がすぐには理解できなかった。すると研究員の方は続けてこう言った。

「名前は名前だよ。誰かがつけた名前に振り回されてもしょうがないし、自分で特定できればいいじゃない。次に解剖したときに、これは前回○○筋って名付けたやつだな、って自分でわかるように、どことどこをつなぐ筋肉かきちんと観察して記録しておけばいいでしょ。」

ノミナを忘れよ

解剖には、専門用語が多い。筋肉の名前だけでも、四〇〇語以上にもなるそうだ。解剖ができるようになるためには、まずはこれらの名前を正確にしっかりと覚えなければいけないと思っていた。

4 **科博**　国立科学博物館の略称。

なので、この時に言われた「名前は気にしなくていいんじゃない？　もしわからないなら、自分で名付けてしまいなよ」という言葉には心底驚いた。実をいうとその時は、「そんなことでは、いつまでたっても解剖ができるようにならないのでは……」と思った。

ところがこれ以降も、さまざまな解剖学者の先生方から、これに近い言葉を何度も言われている。二〇一七年、二〇一八年に参加した人体解剖の勉強合宿では、先生から幾度も「★ノミナを忘れよ」と念を押された。ノミナ＝Nominaとは、ネーム、つまり「名前」という意味をもつラテン語である。筋肉や神経の名前を忘れ、目の前にあるものを純粋な気持ちで観察しなさい、という教えだ。

筋肉の名前は、その形や構造を反映していることが多い。例えば、首にある板状筋は文字通り板状の平べったい筋肉だし、お尻にある梨状筋はヒトでは梨のような形をしている。腹鋸筋はおなか側にあるノコギリのようにギザギザした形をもつ筋肉で、上腕頭筋は上腕と頭を結ぶ筋肉だ。

こうした筋肉の名前は、基本的にヒトの筋肉の形や構造を基準に名付けられている。そのため、ほかの動物でも「その名の通り」の見た目をしているとは限らない。多くの動物では梨状筋は梨っぽい形をしていないし、キリンの上腕頭筋は上腕から首の根本部分に向かう筋肉であり、頭部には到達しない。

★
名前を忘れた方が
いいなんてことが
あるの？　なぜ？

解剖用語は「名は体を表す」ケースが多いがゆえに、名前を意識し過ぎてしまうと先入観にとらわれ、目の前にあるものをありのまま観察することができなくなってしまうのだ。頭と腕をつなぐ筋肉を探していたら、いつまでたってもキリンの上腕頭筋は見つけられない。

優れた観察者になるために

筋肉や骨の名前は、理解するためにあるのではない。目の前にあるものを理解した後、誰かに説明する際に使う「道具」である。そして解剖の目的は、名前を特定することではない。生き物の体の構造を理解することにある。ノミナを忘れ、まずは純粋な目で観察することこそが、体の構造を理解する上で何より大事なことである。

当時の私はこのことに気がついておらず、名前を特定することが目的化し、まさに名前に振り回されていた。上腕頭筋を見つけようと上腕と頭を結ぶ筋肉を探していたし、教科書に「この筋肉は二層に分かれ」と書かれていたら、二層に分かれている筋肉を見つけようとしていた。目の前にあるキリンの構造を理解するために観察するのではなく、横に置いた教科書に描かれた構造を、キリンの中に探し求めてしまっていたのだ。

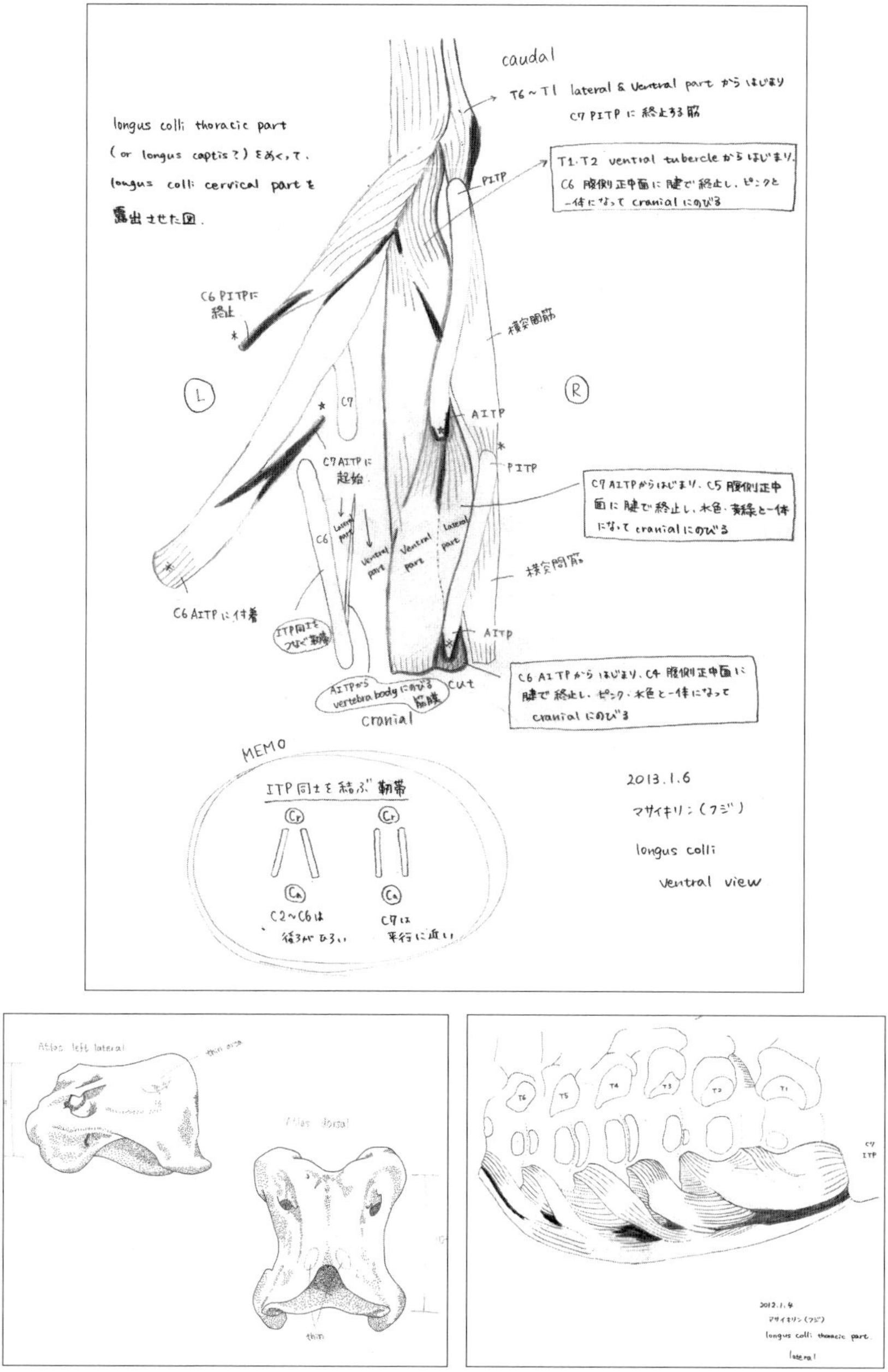

caudal
T6～T1 lateral & ventral part からはじまり C7 PITP に終止する筋
longus colli thoracic part (or longus captis?) をめくって、longus colli cervical part を露出させた図.
T1・T2 ventral tubercle からはじまり、C6 腹側正中面に腱で終止し、ピンクと一体になって cranial にのびる
PITP
C6 PITPに終止
横突間筋
L
R
C7
AITP
C7 AITPに起始
PITP
C7 AITPからはじまり、C5 腹側正中面に腱で終止し、水色・黄緑と一体になって cranial にのびる
C6
lateral part
ventral part
ventral part
lateral part
横突間筋
C6 AITPに付着
ITP同士をつなぐ靭帯
AITP
AITPから vertebra body にのびる筋膜
cut
C6 AITP からはじまり、C4 腹側正中面に腱で終止し、ピンク・水色と一体になって cranial にのびる
cranial
MEMO
ITP同士を結ぶ靭帯
Cr
Cr
Ca
Ca
C2～C6は後ろがひろい
C7は平行に近い
2013.1.6
マサイキリン（フジ）
longus colli
ventral view

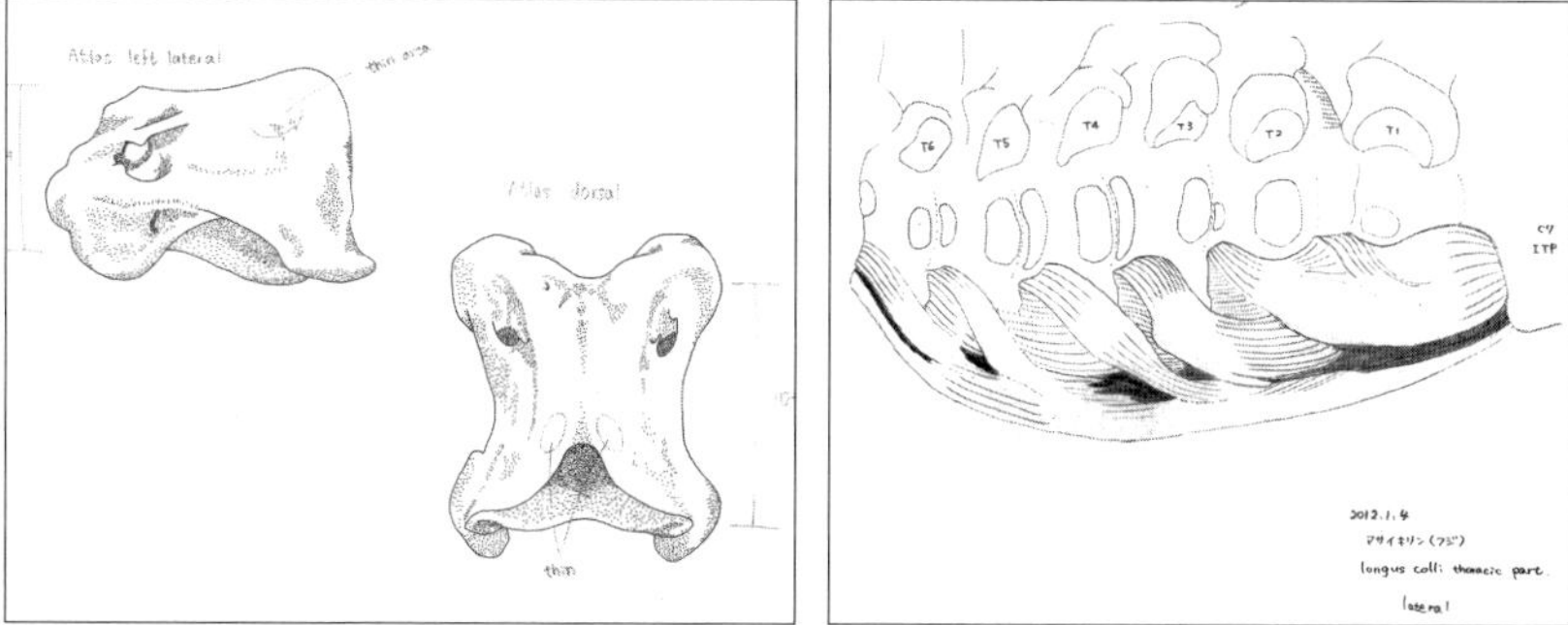

著者のスケッチ。シロのときではなく、キリンの「8番目の首の骨」研究が始動した頃（2013年頃）のもの

「自ら理論立てて考える人でなければ、優れた観察者にはなれない」というのは、かの有名なチャールズ・ダーウィン[*5]の言葉だ。この時の私は、理論立てて考えながら解剖をしていなかった。

名前の特定にこだわることを一旦やめてみよう。そう思い、気を取り直してシロの遺体に向き直る。目の前の筋肉がどの骨とどの骨をつないでいるのか。その筋肉が収縮したら、キリンの体はどんな風に動くのか。大きい筋肉なのか、小さい筋肉なのか。長いか、短いか。筋肉の名前を一つも知らなくても、目の前に実際にキリンの遺体があるのならば、考えることはいくらでもある。

そうしてみて初めて、自分が教科書ばかり眺めて、キリンの方をあまり見ていなかったことに気がついた。せっかくキリンの遺体が目の前にあるのに、きちんと向き合っていなかったような気がした。

解剖台の横にノートを開き、名前もわからぬ「謎筋A」の付着する場所、走行、大きさ、長さを丁寧に観察し、記録していく。次の解剖でも「謎筋A」であることがわかるよう、筋肉の特徴をなるべく細かく描き込んでいく。名前を特定しようとしていた時はずっと真っ白だったノートが、文章やスケッチで埋められていく。

ようやく頭を使って解剖することができるようになった瞬間だった。

5 チャールズ・ダーウィン
Charles Darwin　一八〇九―一八八二年。イギリスの博物学者。『種の起源』で進化論を説いた。

手引き

1 「頭を使って解剖する」(98・16)とはどのようなことか、説明してみよう。

2 自分の体の一部や身の回りにある動植物、道具や部品など、何かを観察して、その形や仕組みを絵で描いたり、言葉で説明したりしてみよう。

体、この不気味なもの

勝手にやってくれてる

伊藤亜紗

「しゃべるって難しいよね」という話を友達としたことがある人は、あんまりいないんじゃないかと思う。なんとなく「しゃべれてあたりまえ」みたいな雰囲気になってる。

特に日本ではそうだね。

わたしはアメリカに住んでいたことがあるけれど、アメリカ人のなかには英語が下手な人がいっぱいいる。移民の国だからね。家ではスペイン語を話し、学校や職場でだけ英語を話す、なんていう人がたくさん。いろんななまりの英語が飛び交っている。

そうなると、聞く方もスキルがあがっていく。アメリカ人は下手な英語を聞くことに慣れている。だから文法が間違っていたり、発音がおかしかったり、多少どもって

『きみの体は何者か——なぜ思い通りにならないのか？』

伊藤亜紗（一九七九年—）、ちくまＱブックス、二〇二一年

自分の体、もっとこうならいいのに……と思う人はいますか？　なめらかにしゃべれない吃音をもつ著者の伊藤さんも、その一人。障害について考えることを通して新しいものの見方を提案する著者が、この本では、自分のもののようでそうでない身体を好きになる方法を、やさしく教えてくれます。コツは、自分の体を「体の身になって」探究すること。自分の体って、いったい何者？

いたりしても、大丈夫。たいていはがんばって聞こうとしてくれる。とっても楽だ。

ところが日本で生活していると、日本語が苦手な人に出会う機会はとても少ないよね。だから下手だと、目立つ。吃音[*1]の人も、目立つ。変な顔をされる。ときにはいじめられたり。「しゃべれてあたりまえ」というプレッシャーがすごい。

でも、あたりまえだから簡単だというわけではないよね。

たとえば、「歩く」はどうかな。

みんな、自分がどうやって歩いているか説明できる？

えっと、右足のカカトを地面につけて、そこから徐々に体重を左足から右足に動かしていき、右足の裏が全部地面についたら左足を浮かせて膝をまげていって……

なんとか言葉で説明できたとしても、たとえば赤ちゃんがそれを聞いて「ふむふむ」って歩けるようになるかな？　赤ちゃんに歩き方を教えることはできる？

たぶん、無理だよね。

そう、歩くことは体が勝手にやってくれていることだ。だから、言葉で伝えるのは難しい。考えなくてもできる。というか考えるとかえってできなかったりする。これが体のすごいところ。

「走る」「跳ぶ」「自転車に乗る」「食べる」「呼吸する」「消化する」……

「歩く」だけじゃない。たいていのことは体が勝手にやってくれている。最初は意識

1 **吃音**　発声時に第一音が出にくい、ある音を繰り返す、無音が続くなどの、話し言葉がなめらかに出ない発話障害。

して練習してやっていたことも、慣れるにつれて意識しないでもできるようになる。

あたりまえになる。文字通り「身につく」ということだ。

つまり、本人はなんでそうなっているのか分からない。

きみは、自分でもよく分からない仕組みの上に乗っているんだ。

もしかしたら、主人★はきみではなくて、このよく分からない仕組みのほうかもしれないよ。

よく考えると、それはけっこう不気味なことだよね。

ふたつの「ん」

じゃあ、ここからは実際に、人がしゃべるとき、体がどんなことを勝手にやってくれているのか、見てみよう。

ちょっと実験をしてみてくれるかな。

実験といっても簡単だ。二つの単語を声に出して言ってみてほしい。

①しんぶん

②ぺんぎん

どうかな？　きみの体は勝手にしゃべってくれた？　ゆっくりしゃべると意識した話し方になってしまうので、ふだん話しているときのような自然なスピードでしゃべるのがコツだよ。

注意してほしいのは「ん」だ。

①「しんぶん」には「ん」が二つ、②「ぺんぎん」にも「ん」が二つあるね。

このうち、それぞれ一つ目の「ん」に注目しよう。①「しんぶん」と②「ぺんぎん」だ。

何か気づいたことはあるかな？　鏡を見ながらやると分かりやすいかもしれない。

そう、①「しんぶん」の「ん」を言うとき、きみの口はたぶん閉じているよね。唇（くちびる）と唇をあわせて「ん」と言ってる。

それに対して、②「ぺんぎん」の「ん」は、口を閉じないで発音している人が多いんじゃないかな。ガラガラうがいをするときみたいに、舌の付け根で喉（のど）をふさぐようにして「ん」と言っている。

あれ？　文字としては同じ「ん」なのに、口の動きは違っている。口の動きが違うのに、同じ「ん」に聞こえる。

これが体のミラクルだ。

「ん」と「ぶ」のあいだ

なぜ体は、同じ「ん」なのに「しんぶん」と「ぺんぎん」で違う発声の仕方をしているのかな？

種明かしをしよう。

答えは簡単。そのほうが楽だから。

わたしたちは「しんぶん」や「ぺんぎん」を言葉だと思っているよね。四つの音から成る、一つの単語だ。

でも体はそうは思っていない。体にとっては運動だ。運動の特徴とは何か？　それは連続していることだ。

たとえば、本を閉じて、椅子から立ち上がり、冷蔵庫を開けて、ジュースを取り出す運動を考えてみよう。ここには四つの動作があるね。

でもきみがこれらの動作をするとき、四コマ漫画みたいに、バラバラに動作をするわけではないよね。すべてつながっている。

本を閉じた次の瞬間にいきなり立っているわけではなくて、テーブルに手をついたり、中腰の姿勢になったり、目線をあげたりする「途中」の動作を経て「立つ」になる。

「立つ」から「冷蔵庫を開ける」のあいだもそう。歩いたり、手を伸ばしたり、冷蔵庫のドアをつかんだり、力を入れたりする「途中」の動作がある。

　そんなとき体はどうしているかな？　たとえば本を閉じながらもすでに立ち始めていたり、立ち上がりながらすでに上体は冷蔵庫の方に向きを変えていたり、冷蔵庫に着くまえに手を伸ばしたりしているんじゃないかな。

　なぜならそのほうが楽だから。

　そうやって一つの動作が完結する前に次の動作が始まるのが、人間らしいなめらかな動きだ。多くのロボットはこうはいかないね。一つの動作が終わったら次の動作に移る、という段取りになる。

　しゃべるときも同じなんだ。

「しんぶん」の「ん」は次に「ぶ」を言わなくてはいけない「ん」だよね。だから「ぶ」を言うのに楽な「ん」の言い方になるんだ。「ぶ」で頭がいっぱいな「ん」というか。

　よく観察してみよう。「ぶ」を言うときは、口を閉じなければならないよね。それ以外の発声の仕方はない。

「ん」はいくつかの発声の仕方を持っている。だったら一番「ぶ」が言いやすい

「ん」にしておこう。そう体は考えた。

だから口★を閉じた「ん」が選ばれるんだ。「ん」であらかじめ閉じておくのが「ぶ」を言うための準備になるんだね。

では「ぺんぎん」の「ん」はどうだろう。「ぺんぎん」の場合は、次に来るのが「ぎ」だよね。

「ぎ」は、舌の根元で喉をふさぐようにして発声する。もう分かるよね。だからその前の「ん」も、あらかじめ舌の根元で喉をふさぐような発声方法が選ばれるんだ。そのほうが楽だから。

体の身になって考える

変な言い方になるけど、体の身になって考えると、ずいぶん違う世界が見えてくるよね。

ふだんは「あたりまえ」で、とくに考えずにやっていることでも、こうやって細かく分析してみると、「へえ、そんなことやっていたんだ！」と驚くようなミラクルがある。

しゃべるときは、たいていの人は言葉の身になっていると思うんだ。「次、何て言

おう」とか「この表現で通じてるのかな」とか。

でも体の身になって「しゃべる」をとらえると、それは「いくつかの音の集まり」ではなくて「ひとつの連続した運動」になる。

考えてもみてほしい。きみは、同じ発声器官で、いろんな音をなめらかにつなぎながら出しているんだ。楽器で言うなら、どんどん形が変わっていく笛みたいなものだよね。

やっぱり、しゃべれるほうが変。

体の立場から言うと、だから「ん」と「ぶ」のあいだには、両方が混ざったような音が出ているわけだ。「し」と「ん」、「ぶ」と「ん」のあいだももちろんそう。

でもわたしたちはふだん、その連続的な音の変化を、言葉の身になって聞くから、「し」「ん」「ぶ」「ん」という四コマ漫画みたいなとらえ方になっちゃうんだね。

そして実際には微妙(びみょう)に音がちがう「しんぶん」の「ん」と、「ぺんぎん」の「ん」が、言葉としては同じ扱(あつか)いになっちゃうわけ。日本人が英語の「R」と「L」が区別できないのと同じだ。

体のアイデンティティ

なぜきみは、そんな複雑なことができるようになったのかな？

時間だよね。

最初はしゃべることなんかできなかった。それから「ぶー」や「ぷー」が言えるようになって、だんだん単語が言えるようになり、そして文が言えるようになり、しゃべれるようになった。

しかも誰かから教えてもらったわけじゃない。もちろん、まわりの人がしゃべるのを聞く経験が、言葉を身につける上では不可欠だけど、「次に『ぶ』が来るときは『ん』はこうやって発音するんですよ」なんていうふうに、手取り足取り教わったわけじゃない。きみが、いや、きみの体が、自分で、少しずつ、勝手に身につけていったんだ。

長い時間をかけてね。

★だから、「体が勝手にやっていること」を知ることは、きみがこれまで過ごした時間の厚みを知ることでもある。きみの体が、どんなふうにして、いまのきみの体になったのかを。

つまり、体を知ることはきみ自身を知ることでもある。

アイデンティティ[2]という言葉は聞いたことあるよね。

簡単にいえば「きみが何者か」ということだ。

一般的にアイデンティティといえば、心が問題になる。「人間像」みたいなものだね。

でもわたしは、体のアイデンティティというものもあるんじゃないかと思っている。きみの体がどういう歴史を経て、いまのような体になったか、だ。

それを知ると、よく分からない、不気味なものに思えていた体が、自分を支えてくれる土台のように感じられてくるだろう。

2 **アイデンティティ** ある人物や組織がそれとして自他共に認められていること。[英語] identity

手引き

1 「体の身になって考えると、ずいぶん違う世界が見えてくる」(106・10)とはどのようなことか、説明してみよう。

2 ふだんの生活の中で「体が勝手にやっていること」をいくつか挙げてみよう。

歴史はひとつではないが、なんでもありでもない

歴史になるまで

成田龍一

歴史を学ぶときにはよく年表を使いますね。年表は、出来事を年—月—日の順に並べています。しかし、「歴史とは何か」ということからすれば、年表に出来事として書き留められるまで（つまり、歴史になるまで）も、書き留められてから（つまり、歴史になってから）も、さまざまな問題があります。

「阪神淡路大震災」を例に、すこし考えてみましょう。

一九九五年一月一七日、午前五時四六分に阪神淡路大震災が起こった——そう年表には書いてあります。だけどね、一九九五年一月一七日午前五時四六分に、阪神淡路大震災が起こったかというと、正確にはそうではないですね。

そこで起こったのは、地震なんです。まだ名付けられていない地震です。

『戦後日本史の考え方・学び方——歴史って何だろう？』

成田龍一（一九五一年—）、河出書房新社〈14歳の世渡り術〉、二〇一三年

正しい年号や日付を暗記する科目——歴史をそんなふうに思っていませんか。この本では歴史学者の成田さんが、歴史学とは何かという本質的な問いについて、戦後史を具体的に振り返りながら話し言葉でわかりやすく語っています。同じ出来事でも視点や立場が変われば意味づけが変わることが実感でき、ふだんの歴史の授業や教科書に載っている年表が、違って見えるかもしれません。

私は早起きなもんですから、そのときは、もう出かける支度をしながら、テレビを観ていました。突然ね、アナウンサーが「どうやら、いま、関西地方で大きな地震が起こったようです」という速報を流しました。「大きな地震のようです。状況は追ってまたお知らせします」。

そのあと、「どうやら死者が出ているようです。死者は七人から一〇人くらいのもようです」という。その後、大学に出かけてみると、「予想以上に被害は大きいですよ。少なくとも数百人亡くなっているんじゃないか」という情報が入る……。

つまりね、なかなか全容が見えないんです。断片的な情報だけが次々入ってくる。ヘリコプターを飛ばして上空から中継し、「あそこで燃えてます、ここでも燃えてます、どうやらたいへんな被害のようです」と、報道がなされていく。その積み重ねで被害の様相がだんだん明らかになり、死者の数も精度を増してくる。

そうこうしているうちに、ただの「大きな地震」という言い方から「阪神大震災」と最初呼ばれ、それでは不十分だからと「阪神淡路大震災」という名前が与えられる。やがて、「阪神淡路大震災が起こった」という認識で定着するわけですね。

そして、その名称のもと、さまざまな情報——震源地がどこ、被害の状況がどれだけ、被害を受けた家屋や人々がどれだけあるか、……——が整理されて、そのことを元として歴史になっていくというプロセス*1がある。

*1 **プロセス** 過程。経過。手順。［英語］process

つまり、年表では一行であっても、そこに至るまではこのようなプロセスがあるということなんですね。このプロセスを経て、はじめて歴史になるということになります。

歴史になってから

しかし、歴史になってからも問題が出てきます。

私自身はテレビを観て、最初は「地震」があったというかたちで知ったわけですが、実際に体験した人も、まずはグラグラっと感じたわけですね、つまり「地震」を体験したわけです。

しかし、いったん「阪神淡路大震災」と名付けられ、歴史として整理されると、「私は阪神淡路大震災を体験した」という言い方になってしまいますね。最初は単に「地震」だったにもかかわらず。

不幸にして家族を亡くした人は、「私の父は阪神淡路大震災で亡くなりました」という言い方をせざるを得なくなってしまう。その場・その時の体験としては、大きな地震による火災で亡くなったという体験であったとしても、歴史の大きな文脈のなかでのひとつの出来事にまとめられてしまいます。

本来はひとつひとつ個別な体験であるはずのものが、歴史のひとコマにされてしまうのですね。

もっと言えば、現在では「関連死」という言い方がされていますけれども、一月一七日ではなくて、たとえば二月になって亡くなった人は、阪神淡路大震災で亡くなったと言えるだろうか。病気をしていて、阪神淡路大震災に遭った結果、満足な治療を受けられずに亡くなってしまった人は、阪神淡路大震災で亡くなったって言えるんだろうか。

とても難しい問題が起こってくるわけです。自分の感じていること、自分が言いたいことが、年表に書かれていることとはちがったとしても、その言い方に従って人に伝えなければならないという状況に置かれてしまうわけですね。

この問題は、「私の父はアジア・太平洋戦争[*2]で戦死しました」と言ったときも同様です。たとえば父親はニューギニア[*3]のジャングルのなかで亡くなっており、「アジア・太平洋戦争」という言い方では説明され得ない、もっともっと語らなければいけない状況を含んでいるはずですね。でも、年表ではたった一行で片付けられてしまっています。

実際の体験や記憶と、歴史としての描かれ方・語り方とが、しばしばズレていく緊張状態が「戦後」という、現在につながる時代にははらまれているのです。

2 アジア・太平洋戦争　日本がアジア・太平洋地域を戦場として戦い、一九四五年八月一五日に終わった戦争。一九四一年一二月八日（マレー半島上陸・真珠湾攻撃）以降の戦争を指すことが多いが、一九三一年九月一八日（満州事変）からの戦争を指すときもある。

3 ニューギニア　ニューギニア島は太平洋南西部の島。現在、西半分はインドネシア、東半分はパプアニューギニアの領土。

あらためて、歴史とは何だろう？

強調しておきたいことがあります。

歴史の語り、つまり解釈（かいしゃく）は決してひとつではないということ、しかし、なんでもありでもないということ、これです。

まずは、歴史は、決してひとつではないということ。

教科書でさえも、たくさんあり得る歴史の語り方のひとつでしかないですし、それがゆえに教科書が何種類もあるわけです。その教科書に書いてあることに対しても、★中央から見た歴史ではないか、表層だけの歴史ではないかという疑念が生まれてくるでしょう。歴史とは何かを考えながら読めば、そうなります。

「戦後」にかぎってみても、複数の戦後史がある。また、あらかじめ戦後史として取り上げるべき出来事が決まっているのではなくて、戦後史を書く人、とりわけ歴史家の立場によって解釈され語られる。だから当然、書き直しもありうるということになるんですね。

「歴史家」というと何かとても偉（えら）そうな人間のように思われます。しかし、歴史家の考え方が人々によって支持されなければ、それはトンデモ本になってしまうわけです。

人々がもっている記憶や、人々がもっている解釈、人々がもっている感情、大きくいえば「歴史に対する感覚」というものを専門家として人々の代わりに語る、それが歴史家だというふうにいうことができるでしょう。

ここから次の論点がでてきます。

すなわち歴史はひとつではない、といいました。語る人の解釈によって歴史はちがってくる、といいました。

それでは、なんでもあり、でしょうか?

決してそうではありません。二つのポイントによるA、B二つの幅があります。

まず第一のポイントによるAの幅。歴史を語るということは、まず出来事があって、どの出来事を取り上げるのかを選択し、その出来事を解釈するというかたちをとります。それが歴史を語る者、とりわけ歴史家の仕事です。

つまり、出来事が出発点になっていますから、選択肢は無限にあるのではないですね。有限な選択肢のなかでの選択となります。選択の幅A（A_1、A_2、A_3……）は決まっているのです。

このように考えてくると、あらゆる解釈が可能ではないということになります。

第二のポイントによるBの幅にうつりましょう。解釈は多くの人々に支持されていないと定着しません。人々の歴史に対する感覚と共有できるかたちでないと、残って

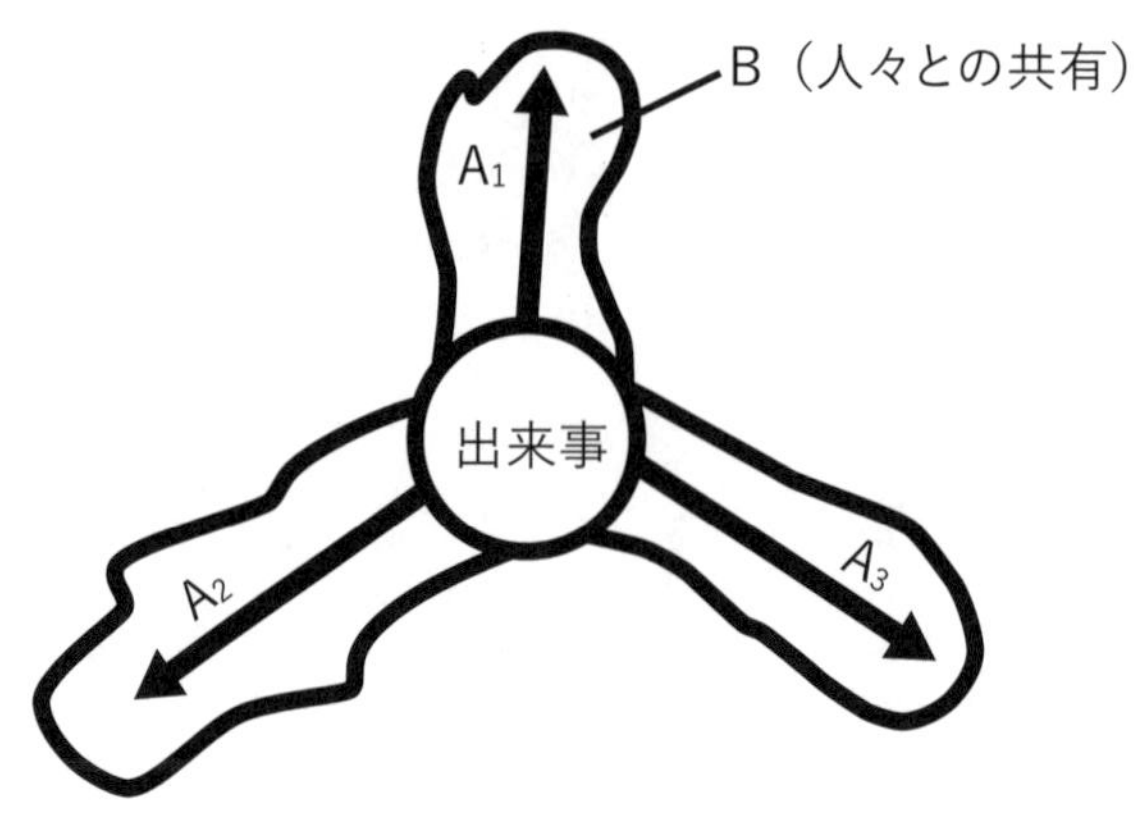

いかないのです。

ある歴史家の解釈が妥当であるかどうかは人々に共感され支持されることによって確かめられることになります。また、人々は歴史家の解釈によって、自らの歴史感覚を確認します。この関係が、解釈の幅をつくり出すのです。Ｂの幅です。

歴史は過去を語るのですけれども、同時に未来を語っています。未来をどのように考えているかによって、いまがどのようにとらえられ、過去がどのようにとらえられるかが変わります。

そこで人々とのあいだの共通項をもつ解釈に立たないかぎり、信頼されません。あまりに勝手なことを語れば、誰からも支持されなくなっていきます。

未来に向けて、いまを確かめ、そして、どのような過去の条件があるのかということを知る営みが、歴史です。

未来には、みなさんひとりひとりがかかわっています。ある歴史が語られたときに、それは共有できるものなのかどうか、それをチェックするのは、これからを生きる読者である、みなさんひとりひとりの仕事です。

だからこそ、歴史はひとつではない、しかし、なんでもありでもないのです。

手引き

1 「歴史になる」（112・2）という言い方には、歴史に対するどのような見方が含まれているか、説明してみよう。

2 教科書や資料集に載っている戦後の出来事から一つ選んで、当時の新聞記事を読んだり、当時を覚えている大人の人に話を聞いたりしてみよう。

食べるとはどういうことか

藤原辰史

解くのが困難な問い

「飲み込む」という言い方があります。食べものをゴクリと飲み込む、というのが基本的な意味ですが、それが派生して、やり方を十分に習得する、という意味に用いられることもあります。あの人は仕事の飲み込みが早い、とか、そんな使い方ですね。

この「飲み込む」という意味からすると、食べるということは、口のなかから消えて、喉の奥から食道に落ちたらそれで終わりの行為だ、と考えるのが普通のように思えます。そして、かなりの人たちが、食べるという行為を、口に入れて、噛んで、飲み込む、という行為だと思っているのです。

あるいは、こんな考えを抱く人もいるでしょう。

「腑に落ちる」という言い方があります。いろいろ複雑だったけれど、その内容につ

『食べるとはどういうことか——世界の見方が変わる三つの質問』
藤原辰史（一九七六年—）、農文協〈かんがえるタネ〉、二〇一九年

藤原さんは、食や農の歴史研究を通して、人間社会のあり方や、自然と人間との関係について考察している研究者です。この本は、「いままで食べたなかで一番おいしかったものは？」「『食べる』とはどこまで『食べる』なのか？」「『食べること』はこれからどうなるのか？」という三つの問いを通して食べることの本質に迫るものです。本全体は、読みやすい対話形式になっています。

いて考えあぐねた結果、ああそうだったのか、と理解する、という意味です。食道のあたりに流れ落ちていく食べものが胃の腑のあたりにストンと落ちて消化され、スッキリしたというイメージでしょうか。なにかスピード感のあるニュアンス*1ですね。理解する、ということは、脳だけの働きではなく、体の感覚に訴(うった)えるような、総合的な行為であることを、この言葉が教えてくれているようです。

でも、疑問に思います。食べものは胃袋(いぶくろ)に落ちてしまえば、それで終わりなのか。ウネウネとした小腸のあたりまで来ても、それはまだ食べものではないのか。いや、大腸に来て、たっぷりの何百兆個ともいわれる微生物(びせいぶつ)に分解してもらって便になるまでが、食べものではないか。いや、直腸か、それとも肛門(こうもん)までか。あるいは、トイレに落ちるその寸前までか。いや、そのあとも……。実は、きちんとした一つの答えを見つけることはなかなかできません。

食べる、とは、どこまでが食べる行為なのか。友人や家族と一緒(いっしょ)に何かを食べる、というとき、一緒にトイレに行くことまで考える人はいません。逆に、ゴクリと飲み込んでしまえば、体のなかで食べものを感じなくなるかといえば、そうでもありません。胃や腸はしばしば重く感じます。食べものの存在感は体のなかに意外と残るものですよね。

こう考えてみると、「食べるとはどういうことか」という問いは、とても難しい問

1 ニュアンス　ここでは、「微(び)妙(みょう)な意味合い」のこと。[英語] nuance

いであることがわかります。食べるということは、基本的な行為なのに、ひょっとすると、人間が生きているという意味そのものなのかもしれないにもかかわらず、それをきちんと定義することは、深く考えれば考えるほど難しいことがわかってきます。

しかし、解くのが難しい問題は、人間を苦しめるというよりも、人間を豊かに、楽しくしてくれます。たとえば、ゲームは、解くのが簡単な問題だといえるでしょう。受験勉強もそうかもしれません。何かわかりやすい答えが見えそうなものは、たしかに、心をヒートアップさせます。しかし、何年経っても解けない問題に囲まれて暮らすことも、なかなか素敵なこと。毎日の暮らしを味わい深くしてくれます。研究者の多くは、何十年経っても、自分の人生をすべて費やしても解けない問題に挑んでいるともいえます。わたしもその端くれです。とても大変ですが、やりがいはあります。もっといえば、この地球上に生きている誰もが、解くのが困難な問題と毎日向き合っているともいえます。

たとえば、こんな問題に。「死ぬのがわかっているのに、どうして生きようとするのですか」。考えるのが怖くなりそうな問いですし、この答えは一つしかない、ということはありえません。けれども、哲学書や小説を読んで、この問題をああでもない、こうでもないと考えることは、とても充実した時間でもあるとわたしは考えます。

キッチンシンクのパフォーマンスから見えてきたこと

さて、食べものの問題に戻(もど)りましょう。どこまでが食べることなのか、という問題でした。

この問題に真っ向から挑んだ芸術家がいます。静岡(しずおか)にお住まいの陶芸家(とうげいか)である本原令子(もとはられいこ)さんです。本原さんは、東日本大震災[*2]のときに、大都市から流れる下水が噴出(ふんしゅつ)して、悪臭(あくしゅう)が漂(ただよ)っている地域でヴォランティア[*3]をされました。本原さんは、どんな家も台所やトイレで使った水は下水管一本で、下水処理場につながっている、という事実に驚(おどろ)きます。こうした原体験をもとに、彼女(かのじょ)はあるものをつくります。キッチンシンクです。キッチンシンクとは、台所の流しのことです。これを陶芸家ですので、捏(こ)ねて焼いてつくります。そのうえで、それを背負って、下水道のある道のうえを歩き、出会った人たちと話すというパフォーマンス[*4]をやったのです。水道の水は、シンクを境に下水に変わります。現代に生きるわたしたちも、水道水とトイレの境目にいます。下水処理場できれいになった水は海に出て、蒸発し、雲となり、それが雨になって、野菜や果物が育ちます。そのことに気づいた本原さんは、そんなことをやってみたのでした。

2 東日本大震災　45ページ〜参照。二〇一一年三月一一日に発生した東北地方太平洋沖地震により、東日本各地に甚大(じんだい)な被害(ひがい)をおよぼした災害。

3 ヴォランティア　ボランティア。49ページ注9参照。［英語］volunteer

4 パフォーマンス　身体などを使った芸術表現。［英語］performance

本原さんの確認した事実をもう一度まとめましょう。

一つ目は、オーガニック食品[*5]を食べている人も、ファストフード[*6]を食べている人も、最終的にはその排泄物（はいせつぶつ）は同じ下水処理場にたどり着き、それが地球に循環（じゅんかん）していくこと。

二つ目は、家には、上水道と下水道があるけれど、人間のなかにもその境目があること。

この話を聞いて、わたしはなんだか愉快（ゆかい）な気持ちになりました。なぜなら、わたしたちは、トイレをつうじて世界と、そして地球の住人すべてとつながっている、というイメージが湧（わ）いてきたからです。どんなに権力を持った政治家も、どんなに貧しい子どもも、みんなトイレのうえでは平等なのです。そして、トイレという場所で下水管に接続することでしか、人間は生きていけないことも、本原さんのパフォーマンスからわかってきますね。

食べものの気持ちになってみる

もしも、食べるということをここまで拡張すれば、わたしたちは、食べることをもっと魅力（みりょく）的に、もっとダイナミックに考えることができます。それはどういうことか

5 オーガニック食品　無農薬、無化学肥料で生産された食品。有機食品。

6 ファストフード　ハンバーガーなどに代表される、注文してから間を置かずに食べられる食品・食事。[英語] fast food

というと、食べものの気持ちになってみる、ということです。

なんでも良いのですが、たとえば、豚肉にしてみましょう。あなたは、普通、屋根のついた飼育施設で飼われます。そこでは人間から与えられた餌を食べ、適度に散歩もし、人間に掃除してもらった場所で子どもを産みます。やがて、ある程度太ったあなたは、屠殺場[*7]に連れて行かれます。連れて行かれると、そこで電気ショックを与えられ、のどを切られて命を失います。殺された後、あなたは、股から頭にかけてチェンソーみたいな機械で半分に切られ、さらに、各部位ごとに切られていきます。やがて、その部位はセリ[*8]にかけられ、肉屋さんが持って帰ります。冷蔵室に保存されたあなたは、さらにスライスされて、パックに詰められ、晴れて肉屋さんの店頭に並びます。財布を持った人間たちが、あなたの体の一部が詰め込まれたパックを買います。そして、家の冷蔵庫に入れられ、そこで保存されます。十分に冷えて腐敗から免れたあなたは、やがて、油を塗ったフライパンのうえに落とされ、じゅうじゅう焼かれ、たとえば、しょうがと醤油で味つけされ、野菜と一緒に皿に盛りつけられるのです。

長い旅のすえに、あなたは、いよいよ、人間の口のなかに入る準備を整えます。箸で挟まれたあなたは、まったく抵抗できぬままに口に運ばれ、アミラーゼ[*9]の入った唾液をたっぷりかけられ、舌になぶられ、硬い歯によって噛み切られ、すり潰されます。そのあと、歯の隙間に残ったわずかな分身に別れを告げ、食道を通って胃袋に入り、

7 **屠殺場** 食肉用の家畜を殺して処理する場所。屠場。

8 **セリ** 複数の買い手に品物の価格を競争させ、最も高い価格を提示した者に売ること。

9 **アミラーゼ** 消化酵素の一つ。

酸の海のなかでドロドロになります。十二指腸でも膵液と胆汁が流れ込み消化をアシスト[*10]し、小腸にたどり着きます。ここでは、小腸の運動によってあなたは前後左右にもまれながら、六メートルに及ぶチューブをくねくね旅します。そのあいだ、小腸に出される消化酵素によって、炭水化物がブドウ糖や麦芽糖に、脂肪を脂肪酸とグリセリンに分解され、それらが腸に吸収されていきます。ほとんどの栄養を吸い取られたあなたは、すっかりかたちを変えて大腸にたどり着きます。

大腸は面白いところです。大腸には消化酵素はありません。そのかわりに無数の微生物が棲んでいるのです。人間は、微生物の集合住宅でもあります。その微生物たちがあなたを襲い、あなたのなかにある繊維を発酵させます。繊維があればあるほど、大腸の微生物は活発化するので、小さい頃から繊維をたっぷり含むニンジンやレンコンなどの根菜を食べるように言われているのです。そうして、いよいよあなたは便になって肛門からトイレの中へとダイビングします。こうして、下水の旅をあなたは始めるのです。

こう考えると、食べものは、人間のからだのなかで、急に変身を遂げるのではなく、ゆっくり、じっくりと時間をかけ、徐々に変わっていくのであり、どこまでが食べものであり、どこからが食べものでないのかについて決めるのはとても難しいことがわかります。

10 **アシスト**　手伝う。援助する。［英語］assist

食べることについての二つの見方

答えはみなさんで考えていただくとして、二つの極端（きょくたん）な見方を示して、終わりたいと思います。

一つ目は、人間は「食べて」などいないという見方です。食べものは、口に入るまえは、塩や人工調味料など一部の例外を除いてすべて生きものであり、その死骸（しがい）であって、それが人間を通過しているにすぎない、と考えることもけっして言いすぎではありません。人間は、生命の循環の通過点にすぎないのであって、地球全体の生命活動がうまく回転するように食べさせられている、と考えていることです。

二つ目は、肛門から出て、トイレに流され、下水管を通って、下水処理場で微生物の力を借りて分解され、海と土に戻っていき、そこからまた微生物が発生して、それを魚や虫が食べ、その栄養素を用いて植物が成長し、その植物や魚をまた動物や人間が食べる、という循環のプロセス[*11]と捉（とら）えることです。つまり、ずっと食べものであるということ。世の中は食べもので満たされていて、食べものは、生きものの死によって、つぎの生きものに生を与えるバトンリレーである。しかも、バトンも走者も無数に増えるバトンリレー。誰の口に入るかは別として、人間を通過しているにすぎない

11 **プロセス** 111ページ注1参照。過程。経過。[英語] process

のです。

どちらも極端で、どちらも間違（まちが）いではありません。しかも、★二つとも似ているところさえあります。死ぬのがわかっているのに生き続けるのはなぜか、という質問にもどこかで関わってきそうな気配もありますね。

あなたなら、どのように説明しますか。

★
似ているところって
どういうところ？

手引き

1 「わたしたちは、トイレをつうじて世界と、そして地球の住人すべてとつながっている」（122・7）とはどのようなことか、説明してみよう。

2 「あなたなら、どのように説明しますか。」（126・5）という最後の一文に対する、あなたの答えを書いてみよう。

もっと読むなら

『カレーライスを一から作る——関野吉晴ゼミ』
前田亜紀 著
ポプラ社〈ポプラ社ノンフィクション〉、二〇一七年

カレーライスを一から作る。武蔵野美術大学の関野吉晴ゼミの学生が挑戦したのは、そんな課題でした。この本は、関野ゼミの活動を追いかけた同名映画の書籍版。野菜も、お米も、お肉になる鳥も、塩も香辛料も、お皿もスプーンも、すべてを一から作るのです。

うまく育たない野菜、すぐに死んでしまうダチョウの雛、しんどい草取り、徐々に減る人数……。九か月に及ぶ活動の中で、ゼミ生の心はさまざまに揺れていきます。とりわけ、チキンカレー用に育てた鳥にゼミ生たちの愛情がうつり、殺すのをためらうようになってから、学生たちは生きること、食べることの意味に改めて向き合うことに。彼らは何を経験し、感じたのでしょうか。

ゼミ生たちの活動を一緒においかけて追体験しているうちに、食卓で当たり前に食べているカレーライスへの私たちの見方も、大きく揺さぶられていることでしょう。

『ゴリラは語る』
山極寿一 著
講談社〈15歳の寺子屋〉、二〇一二年

ゴリラを見ると、人間が見えてくる？　霊長類研究者の山極さんは、ゴリラの生態をさぐるために彼らの家にホームステイすることを思い立ちます。果たして、どうやってゴリラたちに仲間として迎え入れてもらうのでしょう。そして、ホームステイから見えてきたものとは……？

「凶暴な動物」のイメージもあるゴリラですが、実は同じ祖先を持つ人間の暮らしやコミュニケーションのあり方を考える際の「鏡」にもなる存在でした。この本では、山極さんのユニークなゴリラ研究の歩みとともに、ゴリラの社会から見た時の生きるヒントがたくさん書かれています。遊びってなぜ大切なの？　なぜ恋と友情は両立できないの？　争いがなくならないのはどうして？　人間社会のさまざまな難問を、ゴリラの視点で考えてみましょう。一〇〇ページ弱の薄い本で、読みやすさも抜群です。

next books

もっと読むなら

『手話の世界を訪ねよう』
亀井伸孝 著
岩波ジュニア新書、二〇〇九年

耳の聞こえない人が使う言葉、手話。きっとみなさんも、テレビのニュースなどで見たことがあるでしょう。学校の授業で習ったことがあるという人もいるかもしれません。手話（日本手話）は日本語とは文法のまったく異なる言語で、日本手話を自分の言葉として生きるろう者は、聴者とは異なる文化を生きています。

そんな異文化の世界への案内人をつとめるのは、文化人類学者の亀井伸孝さん。異文化研究のプロであり、私生活ではお連れ合いがろう者という亀井さんは、この役目にうってつけ。言語、文化、教育、歴史……さまざまな観点から、ろう者と手話の豊かな世界をひもといていきます。

同じこの社会を生きる仲間として、ろう者とどんなふうに付き合っていけばいいかというヒントが満載。文化人類学の考え方にも触れられて、手話を学んでから読めばさらに発見がある、一冊で何度もおいしい入門書です。

『「ハーフ」ってなんだろう？――あなたと考えたいイメージと現実』
下地ローレンス吉孝 著
平凡社〈中学生の質問箱〉、二〇二一年

海外にもルーツをもつ「ハーフ」と呼ばれる人々。みなさんの中には「ハーフ？　かっこよくて憧れる！」という人もいれば、スポーツで活躍する「ハーフ」の選手の見た目に「日本人らしくないな」と思った人もいるかもしれませんね。

この本の著者・下地さんは、そんなハーフの人々が持たされたイメージや、彼らが抱える苦しみや違和感を、彼ら個人の問題ではなく「社会の仕組みの問題」と捉えることを提案します。私達の社会は「ハーフ」の人々をどのようにイメージしてきた社会なのでしょうか。「ハーフ」の人々への豊富なインタビューとともに、その歴史と現在をたどることで、私たちの社会のあり方やその問題点が浮かび上がってきます。「ハーフ」の問題にとどまらず、身の回りの個人的な問題を、大きな視点で考え直すことの意義を学べる、格好の一冊です。

第5章 自分を生きる

顔ニモマケズ

水野敬也

タガッシュさん

「好きなもの」との出会いがすべてを変える
――タガッシュ

口唇口蓋裂
生まれたときから、唇や上あごがつながっていない症状。本来、胎児のうちにつながるものが、何らかの理由でつながらずに生まれてきてしまう。日本では約五〇〇人に一人の確率で生まれると言われている。

『顔ニモマケズ――どんな「見た目」でも幸せになれることを証明した9人の物語』
水野敬也（一九七六年―）、文響社、二〇一七年

自分の顔が嫌い……そう思ったことはありませんか？　どの人も気になる「見た目」の問題。では、病気や生まれつきで他の人と大きく見た目が違う人たちは、どんな思いでその事実と向き合ってきたのでしょう。友だち関係、いじめ、恋愛、結婚。作家の水野さんによるインタビューを読み進めるうちに、これはあなた自身の物語でもあることを、きっと感じとるはずです。

——タガッシュさんの症状について教えてもらえますか？

私が両親から教えてもらったのは、どんな赤ちゃんも生まれる前は唇や上あごがつながってなくて、徐々にひっついてから生まれてくるのですが、五〇〇人に一人くらいの割合でつながらないまま生まれてくる場合があって、それが私だという話でした。

——治療としては、手術をすることになるのですか？

はい。私は鼻と口の間に骨がないのですが、腰の骨を持ってくるという手術を小学校の低学年のころにした覚えがあります。それから九回ほど入院して手術していますね。

あとは歯の生え方も普通とは違ってくるので矯正をすることになります。その矯正も普通のものとは違って、プラスチックの板を口に入れるのですが、誤って割ってしまって親から怒られたりしていました（笑）。

——症状があることでつらい思いをしたことはありますか？

いじめがありましたね。症状で少し鼻がつぶれている感じに見えるので、そのことをからかわれたり、あとは横から見ると症状が、よりはっきり見えるので、横顔のことをバカにされたりしました。中学のころにいじめがピークになったときは、「死んじゃおうか」と思ったこともありました。それくらいつらかったですね。

——その状態はいつまで続きましたか？

高校に入ってからまったくなくなりました。というか、私の人生は高校で救われたと言えるくらい、本当に恵まれた環境だったんです。

——高校時代のことを教えてください。

私は昔から絵を描くのが好きで……最初はつらい現実から逃げたくて描き始めたのですが、描いているうちにもっと本格的に勉強したくなって、デザイン科のある高校に進学したんです。

そうしたら、そこにいる人たちが今まで会ったことがないタイプというか、個性的な人たちばかりだったんです。たとえば特撮の悪役が好きで、すごい量の悪役のフィギュアを集めてて、学校ではいつも悪役の絵ばかり描いている人や……特に強烈だったのは「死体」が好きで、死体の絵ばかり描いてる人がいました。あ、「死体」が好きっていっても、犯罪とかそういうのではないです。その子は普通に怖い事件は「怖い」と言ってましたから。ただ、単純に死体の絵を描くのが好きな人だったんです。

そして、高校時代のクラスメイトはそういう人を排除するどころか、「この死体のここに傷があると良いよね」とかアドバイスしたりしていました。

そして、そういう人たちと話してみて分かるのは、中学時代は居場所がなかったり、友達が少なかった人たちだったりするんです。

——自分と同じような境遇の人と出会えたことで安心感があったということでしょうか？

うーん、安心感というのはちょっと違うかもしれません。

逆に、私の中で焦りのようなものが生まれました。「★私、すごい普通だからこのままだと埋もれてしまう」という。

——それまでは自分自身に対してどのようなイメージを持っていましたか？

症状があることで、自分は普通じゃないと思っていました。悲劇のヒロインというか、普通の人とは違う症状があって「可哀そうな人」というイメージでした。

ただ、高校に入ってからそんなことはどうでもよくなりました。それはやっぱり、周りの人が、自分のやりたいことを持っていて、それが輝いて見えたからだと思います。だから私の症状がどうこうというよりも、私は何がやりたいのかを知ることの方が大事でしたね。そして自分のやりたいことを見つけて、そのことに集中しているうちに、自分の症状が全然気にならなくなったんです。

★
この「普通」って
どういう意味だろう？

――周囲の人たちの反応は、中学時代とは違いましたか？

違いました。中学のころはクラスメイトから症状のことで色々言われましたけど、高校時代のクラスメイトはなんというか、私の症状は気にしないというより、「眼中★にない」という感じでしたね。それよりも、高校時代の同級生は自分の世界を大事にしていて、むしろ周囲の人を自分の世界に引きずりこもうとしていました。「死体」を描くのが好きな人は、勝手にその魅力を語ってきて「君も死体に興味持ちなよ」という感じでした。

――いじめのようなものはなかったですか？

ありませんでした。いじめって集団の中で「異物」を排除しようとする動きだと思うんです。ただ高校の同級生はみんながそれぞれ「異物」だから、そもそも異物が存在しないんですよね。

――今の友人は高校時代の人が多いですか？

はい。今、仕事をしていない時間は絵や漫画を描いているんですけど、一緒に同人誌のイベントに参加しているのも高校時代の友人です。

★「眼中にない」

「気にしない」とどう違うかな？

——ちなみにタガッシュさんはどのような漫画を描いているんですか？

書きたいものを描いていますが、「見た目問題」をテーマにしたファンタジーバトルも描いたりしています。

——その漫画の内容を教えてもらってもいいですか？

右半身に大きなアザを持つ男性、両足のない少女、アルビノ[*1]の少年、両腕のない男性、同性愛者の女性と男性、全身に火傷痕のある男性などのキャラクターがいて、そのキャラクター達がモンスターやたまに差別主義者と戦ったりすることもあれば普通の日常を過ごしたりもする……といった内容です。

——バラエティに富んだ内容ですね。やはり漫画を描いているときが一番楽しいですか？

漫画も楽しいですが、それ以外の時間も楽しいです。昼は会社で働いているのですが、自分に合った仕事ができているので、今は毎日の生活がすごく充実していますね。

——高校時代の話もそうですが、タガッシュさんは環境を変えたことによって、意識に大きな変化が現れたように感じます。

*1 **アルビノ**　遺伝的な要因でメラニン形成が行われないために、皮膚、毛髪、眼などに色素が生じない人のこと。

それは本当にそう思います。私は小学校・中学校時代、友達は片手で数えられるくらいしかいなくて、いじめもあったし……でも、そういう狭い世界で生きていると、学校だけじゃなくて、社会全体が自分の敵に思えてくるんですよ。「この場所で、こういう状態なら、きっと他の場所も全部そうだろうな」という風に。だから家を出るときは戦いに行くという気持ちで出かけていました。

——でも、実際の社会は違っていたということですね。

そうなんです。★それまで自分がいた世界は、実はとてつもなく「狭くて偏った場所」で、本当の世界はもっともっと広くて、顔のことなんて全然気にしない人たちや、違う価値観で生きている人たちがたくさんいたんです。そのことを経験した今は、どんな人でも必ず自分に合う場所を見つけられるくらい、世界は広いと思っています。

——タガッシュさんは高校時代に自分の居場所を見つけることができたわけですが、その理由は何だと思いますか？

よく世の中では「時間が解決してくれる」と言うじゃないですか。そのまま何もせず同じ場所にいてもその状態が続くことはないと。確かにそういう考え方もあるかもしれませんが、私は、その考え方には賛成してないんです。私がいつも思ってたのは、

「もし明日死んだら時間は解決してくれなかったじゃん」ってことなんですよね。だから時間も信用してないし、「いつかこの苦しみが終わる」という言葉も信じてないです。無理にでも外に出て、今とは違う場所を探す必要があるといつも思っていました。

――ただ、見た目に症状がある人や、劣等感の強い人は、周囲の視線が気になって外に出るのがつらかったりしますよね。

それは確かにあるかもしれませんね。私の場合は、母親から受けた教育が良かったのかもしれません。私は母親が福祉関係の仕事をしていて、よく「人間の五人に一人は何らかの障害を持って生まれてくる」と言っていました。人間は、本人が気づかなかったり表に出てこないだけで、ほとんどの人が何らかの障害を持って生まれてくるらしいんですね。だから、私の症状だって別に特別じゃないという考えを持ってくれていました。

私が生まれたときは、まだインターネットはほとんど普及していなくて、私の症状の口唇口蓋裂の情報もほとんどありませんでした。日本は外見の症状に対して閉鎖的な部分があるので余計に情報が少なかったみたいですね。……でも、母は外国のサイトを英語で読んだりして色々な情報を集めてくれました。そういう風に症状に接してもらえたから、「別に恥ずかしいことじゃないんだ」という意識が幼いころからありました。

——ただ、症状を持った人の中には、「恥ずかしいことだ」「人に見られないようにしよう」という風に親から育てられる場合もあるわけですね。

　あると思います。

——そういう人たちは、どうやって悩みや劣等感を乗り越えていったらいいのでしょうか。

　……（しばらく考えて）。

　私、ヘヴィメタル[*2]が好きなんですね。

　それで、私がヘヴィメタル好きになったきっかけというのが、中学のときに、あるバンドのＰＶ（プロモーションビデオ）を見たことなんです。そのときはいじめがひどくて、人生に希望なんて何も持てませんでした。そんな状況のとき、たまたまそのバンドのＰＶを見たんです。

　そのＰＶの主人公は学校でいじめられている男の子なんですけど、実はその子が狼男だったという設定で、満月の夜に狼に変身していじめっ子たちに復讐する話で、もう最高に楽しくて何度も見ているうちにどんどんハマっていったんです。それ以降、

2 ヘヴィメタル　ハードロックの一種だが、より攻撃的な演奏のものを指す言葉としても使われる。［英語］heavy metal

嫌な気分になったときはヘヴィメタルを聴いて気持ちを切り替えてきたんですけど、ヘヴィメタルから得られたことはそれだけじゃなくて……。

高校のとき、ある男の子と知り合いになったんですけど、彼もヘヴィメタルが大好きだったことがきっかけで仲良くなったんです。私は軽音楽部に所属してたんですけど、一緒にセッション[*3]したりしてすごく楽しかった。

それで、私が思うのは、これまで私は「好きなもの」に助けられてきたってことなんです。

絵を描くのも音楽を聴くのも最初は現実逃避から始まりましたが、自分が好きなものを見つけられるってすごく大事で、絵を描いているときも音楽を聴いているときも、気持ちを素敵なものに向けることができます。でも、それがないと「ああ、自分はどうして顔の症状があるんだろう」とか「どうしていじめられるんだろう」とか、そういう気持ちがぐるぐると頭の中を回り始めてしまいます。そうならないためにも、まず、何でも良いから好きなものを見つけることが大事なんです。そして、見つけた好きなものを大事にしていれば、今とは違う場所に行きたい気持ちが生まれてくるんだと思います。私がデザイン科のある高校に行きたくなったように。

そして、もう一つ大事なことは——自分と同じものを好きでいてくれる人が必ず世の中にいますから。そういう人たちとつながってほしいです。仮に会話が苦手だった

3 セッション　複数の音楽家が即興的に短時間の演奏をすること。［英語］session

り人と会うのにストレスがある人も、同じものが好きっていうだけで延々と会話できたりしますからね。

――好きになる対象というのは何でもいいんですよね。

そうです。漫画でもゲームでも死体でも（笑）。人に迷惑をかけなければ何でもいいと思います。私は「現実逃避最高！」って思って生きてますから（笑）。

ただ、「何でもいい」からこそ、他の誰かに合わせるんじゃなくて、自分が本当に好きなものを選んでほしいですね。

手引き

1 「私の人生は高校で救われたと言えるくらい」（132・3）とあるが、どんな過程をたどって「救われた」のか、説明してみよう。

2 読んでぐっときた言葉を見つけて、その魅力を話し合ってみよう。

ジェンダー[*1]から自由になる

オードリー・タン

私には、思春期が二回ありました。

最初の思春期が訪れたのは一四歳のとき。思春期とは「第二次性徴があらわれる時期」とされていて、それが主にテストステロン（男性ホルモン）とエストロゲン（女性ホルモン）の働きであることは、よく知られています。

それなのに、一四歳の私の体の中で、テストステロンのレベルが高まることはありませんでした。

「八〇歳の老人並み」

「女性と思春期男子の中間ぐらい」

これが検査医の見解でした。

二度目の思春期は二四歳のとき。ホルモン剤を服用し、女性として思春期入りすることを自分で決めたときで、それは二年ほど続きました。

『オードリー・タン 自由への手紙』

オードリー・タン（唐鳳、一九八一年—）〈語り〉、クーリエ・ジャポン編集チーム〈編〉、講談社、二〇二〇年

オードリー・タンさんは、台湾のデジタル担当大臣。天才プログラマーとして有名で、出生時の性から異なる性への移行を経験した「トランスジェンダー」の当事者でもあります。本書はタン氏へのインタビューをまとめたもの。さまざまなルールや常識から解放されて、よりよい未来をどのように作っていくか、その自由へのアイディアを少しのぞかせてもらいましょう。

こうして二回の思春期を経験したのち、「男か女か」という二者択一的な考え方が、私の中から消えました。

「女である」と自分をとらえている人は、社会の半分は、自分と異なるものだと思うことがあるでしょう。

「男である」と自分をとらえている人も、社会の半分の人々を、自分とは別の人たちだと思っているかもしれません。

しかし私の場合、「社会の半分は自分とは異なるものだ」という感覚がありません。むしろ、交差的な体験をしたことで、社会のほぼ全員と同じ経験を共有しているような気がしています。

愛する対象はホモサピエンス

私はトランスジェンダー[*2]ですが、自分は「マイノリティ[*3]」というカテゴリー[*4]に当てはまらないとも感じています。

思春期を二回経験する人は、左利きでありながら右利きにもなろうとする人と同じくマイノリティかもしれません。しかし、ひとたび両方を経験すれば、最大限に「インクルージョン[*5]（包括）」と言えるのではないでしょうか。

1 ジェンダー　性別。特に、社会的・文化的に作られた性別や性差のこと。［英語］gender

2 トランスジェンダー　出生時の性別と自身が認識する性別が一致しない人のこと。［英語］transgender

3 マイノリティ　社会の中の少数派。［英語］minority

4 カテゴリー　同じような性質のものを集めた範囲。分類。［英語］category

5 インクルージョン（包括）　さまざまな能力や経験を持つ人たちが排除されずに参画するあり方。［英語］inclusion

どちらでもあるし、どちらの側にもなれる。
どちらも含むのではなく、すべてを含む。
どちらも尊重するのではなく、すべてが尊重される。

左手と右手、両方を使ってみるような試みをした人はみな、インクルージョンになれる力を与えてもらえる――私はそんなふうに考えています。

だからこそ、性的指向[*6]を問われたとしたら「私はサピオセクシャルです」と答えます。知性（サピオ）に魅力を感じるということです。

私が愛するのはホモサピエンス[*7]だということ。それが私のスタンダードな回答です。

一四歳の旅で知った自由な伝統社会

「男と女」という二者択一から自由になる。この考えのはじまりも、やはり十代にあります。

一四歳で中学を中退したとき、校長先生をはじめとする先生がたはみな、全面的に祝福してくれました。

6 性的指向　その人の恋愛感情や性的な関心がどういう対象に向かうかということ。異性愛者（ヘテロセクシュアル）、同性愛者（ホモセクシュアル）、両性愛者（バイセクシュアル）など。

7 ホモサピエンス　賢い人の意。現在の人類を指す学名。[ラテン語] Homo sapiens

中退後、私が最初にしたのは旅に出ること。目指したのは、台湾北部。タイヤル族の住む山岳地帯でした。

台湾原住民の文化は、それぞれかなり異なっています。たとえばアミ族など母権制[8]の原住民もいます。また、母権制でも父権制[9]でもない社会を築いた原住民もあり、彼らにとってジェンダーは、左利きかどうかと同じことで、リーダー選びには関係ありませんでした。

さらにジェンダー表現に関しても、性別が三つ、あるいは五つあったりする原住民がいます。

つまり台湾には、いにしえから、ダイバーシティ[10]（多様性）もプルラリティ[11]（多元性）も存在していたということです。

私たちはいろいろな属性やアイデンティティ[12]をもっていますが、どれも尊重されるべきものです。

それなのに「男性で年上だから優遇される」「外国人でLGBTQ＋[13]だから偏見の目で見られる」など、属性やアイデンティティの組み合わせによって起こる差別もあります。その事実に気づき、あらゆる差別をなくしていく「インターセクショナリテ[14]

8 **母権制**　女性が社会の中で重要な地位と権力を持つ社会体制。

9 **父権制**　男性が社会の中で重要な地位と権力を持つ社会体制。

10 **ダイバーシティ（多様性）**　（特にある集団を構成するメンバーの人種・国籍・性・年齢などが）多様であること。［英語］diversity

11 **プルラリティ（多元性）**　複数の原理・信条などが平和的に共存していること。［英語］plurality

12 **アイデンティティ**　自己同一性。自分が自分であるという感覚。109ページ注2参照。［英語］identity

13 **LGBTQ＋**　性的少数者の総称。レズビアン（女性の同性愛者）・ゲイ（男性の同性愛者）・バイセクシュアル・トランスジェンダー・クエスチョニング（性自認が定まっていなィ（交差性）」の視座をもつことが大切です。

インターセクショナリティの概念（がいねん）は、「女性にも選挙権があって当然だ」といったフェミニスト[*15]たちの運動や、ＬＧＢＴＱ＋の理解を求める活動によって、進化してきました。

かつて参政権をもたなかった女性が当たり前に投票できるのは、かつて声を上げてくれた人たちのおかげです。

私たちがこうした過去から学べることも、たくさんあります。

異文化の視点で自分の世界を見る

旅をして人々にふれ、あれこれと調べるにつれ、私は台湾原住民のルーツをより深く理解できるようになりました。そしてこの台湾には、何千年も昔から「男と女の二者択一」とは異なるデフォルト[*16]設定があったのだと、気がつきました。

さらに台湾原住民の言語と文化のルーツを調べていくと、ニュージーランドにたどり着きました。そこには先住民のマオリ族がいます。彼らと台湾原住民は、いずれも太平洋の島々やマダガスカル[*17]に広がる「オーストロネシア語族[*18]」であり、つながりがあるということです。

い）の頭文字を取ったもの。「ＬＧＢＴ」の四文字で代表することが多いが、性のあり方は非常に多様なため、これに尽（つ）くせないという意味で「Ｑ＋」を加えることがある。

14 インターセクショナリティ（交差性） 人種・ジェンダー・階級など異なる軸（じく）の差別が重なりあって独特の抑圧（よくあつ）を生じさせる状況（じょうきょう）を理解するための枠組（わくぐ）み。［英語］intersectionality

15 フェミニスト 男女は同権であるという考えに基づいて、女性に対する差別や抑圧をなくしていこうとする思想家・活動家。［英語］feminist

16 デフォルト コンピュータなどの初期設定。標準の状態。転じて、所与（しょよ）の条件のこと。［英語］default

17 マダガスカル アフリカ大陸の南東、インド洋にある島および国の名前。

18 オーストロネシア語族 北

ここで思い浮かぶのは、ディズニー映画『モアナと伝説の海』です。舞台となった架空の島モトゥヌイには「珊瑚礁の向こうに行ってはいけない」という掟がありました。

それを打ち破って冒険の旅に出た主人公モアナは、洞窟に隠された大型船を見つけます。漁に使うよりはるかに大きな船体は、遠方への航海のためのもの。つまりそれは、今の自分たちは珊瑚礁の内側に閉じ込められるように暮らしているけれど、実は祖先は海を越え、たくさんの島を旅してきたという証拠でした。

『モアナと伝説の海』は、ポリネシア[*19]の島々全体がモデルになっているとされており、実際に海を通じて交流を繰り返してきた人々は、境目のない中で混然一体とした文化をつくり出してきました。

モアナは冒険の旅に出る前に、自分の島の洞窟のなかに、外の海を越えてきた祖先の船を見つけました。それと同じく一四歳の私は山岳地帯を旅して、台湾という同じ島の中で、異文化に出会いました。

ごく身近なところにも異文化があり、その異文化の視点から、自分の育った世界を見つめ直すことができます。そうすると、これまで当たり前だと思っていた「ものの

は台湾・ハワイから南はニュージーランド、東はイースター島から西はマダガスカル島まで、インド洋から太平洋にかけて分布する語族（言語のグループ）。

19 ポリネシア　ハワイ諸島、ニュージーランド、イースター島で囲まれる三角形の海域の中にある諸島の総称。

見方のデフォルト」が根本的に変わります。

一四歳の旅を通して学んだ「モアナ的超(ちょう)文化主義」は、私の政治哲学(てつがく)になりました。

ジェンダーも文化も、インクルージョン。境目というものは、実はどこにも存在しないのです。

手引き

1 「自分は『マイノリティ』というカテゴリーに当てはまらない」(142・11)とあるが、「トランスジェンダー」であるタンさんが、そのように言うのはなぜか、説明してみよう。

2 「ごく身近なところにも異文化があり、その異文化の視点から、自分の育った世界を見つめ直すことができます」(146・14)とあるが、あなたの身近にある異文化の例を探してみよう。

生きる意味を見失ったとき

藤田正勝

生きることへの疑問

わたしたちは、ふだん、生きることにけんめいになっています。しかし、自分の思っていたことが実現できず、落ち込むようなこともあります。大きな病気にかかっていることがわかり、将来に希望がもてなくなるというようなこともあるかもしれません。あるいは愛する人を亡くして、自分自身も生きる意欲を失うというようなこともあるでしょう。

そういうとき、わたしたちは一歩退いて、自分がけんめいに追求してきたことの意味をあらためて考えたりします。そして、そこには意味がないのではないか、たとえ何かをなしとげても、大きな視点から見れば、結局のところ、何の意味もないのではないかといったことを考えたりします。

『はじめての哲学』

藤田正勝（一九四九年―）、岩波ジュニア新書、二〇二一年

藤田さんは哲学者。『はじめての哲学』は、まさにそのタイトル通り、中高生が最初に哲学的な考え方に触れるのにぴったりの本です。哲学というと難しい理論や用語を知らなければならない気分になりますが、そんなことはありません。藤田さんは、平易な言葉で、考える道筋をガイドしてくれます。高校で読む「評論」にもつながります。目次を見て、関心のあるところから読み始めるのも良いでしょう。

動物も意味のある行動をしています。生きていくために必要な食料を探し、獲物を狩るということをします。しかし何のためにそうするのか、その「意味」を問うことはありません。それに対して人間は、自分の行動を外から眺め、その「意味」を問います。たとえば試合に向けて一生けんめい練習をしていたり、受験の準備のために必死にがんばっていたときに、ふと、それに意味があるのかどうかということが大きな疑問として浮かびあがってきたりします。

それと同じように、生きていることそのものの意味が自分にとって大きな問題として迫ってくるということがあります。それは「意味」を問題にするようになった人間にとって、避けがたいことなのだとも言えそうです。

もちろん、いっときそういう疑念を抱いても、わたしたちはまた、いままでの生活に立ち戻って、けんめいに生きていきます。しかし、なかにはそういう疑念を押し進めて、生きることにはそもそも意味がないのだと主張する人もいます（思想的にはそこからニヒリズム[*1]という立場が生まれてきます）。その人も、おそらく、そのように言うことで生きることの意味（ないし無意味）についてけんめいに考えているのでしょう。周りの人に、生きる意味はないと言いながら、逆に、何とか生きる意味を見いだそうと必死になっているのかもしれません。

もしそういう人から「生きることにはそもそも意味があるのか」という問いを突き

*1 **ニヒリズム**　確実かつ価値があるとされるものを無価値として否定する立場。虚無主義。［英語］nihilism

つけられたとき、わたしたちは「生きることには意味がある」とはっきり答えられるでしょうか。たとえば大きな挫折を経験したり、生死に関わるような大きな病気にかかったりした人からそう問われたとき、ほんとうに説得力のある答えを返すことができるでしょうか。

「影」としての人生

そういうことを考えていて、頭に浮かんでくるのは、シェイクスピア[2]の戯曲[3]『マクベス』[4]の有名な言葉です。最後の第五幕に、波乱の人生をともに歩んできた妻の死の報せを聞いた悲劇の王マクベスが、次のようにつぶやく場面があります。

消えろ、消えろ、つかの間の燈火！
人生は歩きまわる影法師、あわれな役者だ、
舞台の上でおおげさにみえをきっても
出場が終われば消えてしまう。
白痴[5]のしゃべる物語だ、
わめき立てる響きと怒りはすさまじいが、

2 **シェイクスピア**　William Shakespeare　一五六四—一六一六年。イギリスの劇作家・詩人。

3 **戯曲**　演劇の脚本・台本や、その形式で書かれた文学作品。

4 **『マクベス』**　『ハムレット』『オセロー』『リア王』と並ぶシェイクスピアの四大悲劇の一つ。

5 **白痴**　精神遅滞の重度のもの。差別意識を含むことばであり、現在では使われなくなっている。

意味はなに一つありはしない。

（小田島雄志訳）

役者は決められた時間だけ舞台の上に出て、そこで大声を張りあげたり歩きまわったりするが、それだけのことであって、自分の出番が終われば舞台から下り、そして皆から忘れ去られてしまう。それとわれわれの人生も何ら変わるところはない、というのです。「わめき立てる響きと怒り」というのは、マクベスが妻と謀って主君を暗殺し王位に就いたようなことを指しますが、それには何の意味もない、人生は所詮「影」のようなものだというのです。ここではっきりと、人生には意味がないということが言われています。

人生を意味あるものにしようとする意志

マクベスの言葉をどう受けとめればよいでしょうか。それに反論することはとてもむずかしいように思われます。ここでわたしたちにできることは、わたしたち人間が、生きようとする意欲をもち、それに支えられて前へと進もうとする存在であるという原点に立ち戻ること以外にはないように思います。

そのような場所に立って、わたしたちは自分に与えられているさまざまな可能性をめぐって考え、選び、決断し、それを具体化していくわけですが、そこで重要なのは、自分の人生を意味あるものにしようとする意志であると思います。意味のある選択をしようと考え、そして実際に選択し、行為するとき、わたしたちの人生は実際に意味のあるものになっていくのではないでしょうか。

そのようにしてわたしたちは少しずつ自己を肯定していくのです。そこでわたしは、必ずしも「大きな自己」を肯定するということをめざさなくてよいと思っています。「大きな自己」と言ったのは、たとえば将来、学問の世界や政治の世界、あるいは経済の世界で大きな役割を果たす人物になりたいといった理想を掲げて、それに向かってあらんかぎりの力を尽くしてがんばるというようなことです。もちろんそれはすばらしいことですし、そういう気持ちがあるからこそ、わたしたち自身も、また社会も前に進むことができるように思います。

この「大きな自己」★に対比して言えば、「小さな自己」ということになりますが、わたしたちは大きな理想を実現したときにだけ「生きる意味」を感じるのではなく、日々の何げない営みのなかにもそれを感じます。たとえば庭に朝顔の種をまいて、日々水をやり、その成長を見守り、ある夏の日の朝、一輪の花が咲いているのを見つけて、それに喜びを感じるというようなこともあると思います。「大きな自己」の実現ということからすれば、とるにたりないことかもしれませんが、そうした喜びもわ

たしたちにとって生の確かな証（あかし）であると言えるのではないでしょうか。そういう小さな自己肯定も、わたしたちにとって大きな意味をもっていると思います。人生というのは、そういうごくごく小さな一歩の積み重ねなのではないでしょうか。

未来に目を向ける

それでも挫折して、あるいは大きな悲しみに遭遇（そうぐう）して、苦しみから逃（のが）れられないということが人生にはあるかもしれません。そういうときにどうすればよいのかということについて少し考えてみたいと思います。

オーストリアの精神医学者であったヴィクトール・フランクル（Viktor Frankl, 一九〇五―一九七）は、第二次世界大戦中、ユダヤ人であったためにナチス[*6]によって強制[*7]収容所に送られるという経験をしました。その体験を綴（つづ）った『夜と霧』[*8]は多くの言語に翻訳され、いまも多くの人々に読まれています（日本語訳はみすず書房（しょぼう）から一九五六年に刊行）。

そこでフランクルは、強制収容所での苛酷（かこく）な日々のなかでもはや耐（た）えられないと思ったとき、一つのトリックを使ったということを記しています。突然（とつぜん）、大きな講演会場の演壇（えんだん）に立ち、講演を行う自分の姿を想像したというのです。そこで強制収容所で

6 ナチス　ナチス・ドイツのこと。民族主義と反ユダヤ主義を掲げたヒトラーを党首とするドイツの政党の通称（つうしょう）。ユダヤ人を虐殺（ぎゃくさつ）したり、刑務所（けいむしょ）や強制収容所に収監（しゅうかん）したりした。

7 強制収容所　政治的理由などで、裁判によることなく市民を強制的に収容する施設（しせつ）。

8 『夜と霧』

の自分の心理について語ることを思い描いたそうです。そうすると「かくも苦しめ抑圧するすべてのものは客観化され、科学性のより高い見地から見られ描かれるのであった」（霜山徳爾訳）とフランクルは記しています。そのようにトリックを使って自分は自分の未来を信じることができたが、それに対して、自分の未来を信じることのできなかった人は自分自身のよりどころを失い、命を失っていったとも書いています。

未来が——それがたとえ想像の世界が描きだす未来であっても——わたしたちの生活のなかでとても大きな役割を果たすことが、ここから読みとれるように思います。考えられないほど苛酷な環境のなかでフランクルがもちつづけていた生きる姿勢というのは、わたしたちに大きな勇気を与えてくれるのではないでしょうか。

ゆっくり生きる

わたし自身もいろいろな場面で大きな悲しみや苦しみを経験しましたが、そのとき、いつも考えたのは、★「ゆっくり生きればよい」ということでした。ふだんわたしたちは前に進むことだけを考えています。目標を立て、それに向かって一歩でも近づいていこうと努力をします。このように前を向いて生きることは大事なことです。しかし、そういう自分から自分自身を解き放つこともまた大切なのではないでしょうか。そこ

★
ゆっくり生きれば
よいって思ったのは
どうしてかな？

に流れるゆったりとした時間に身を任せることによって、周りの世界が違ったように見えてくるのではないかと思います。

「無為」という言葉があります。ふつうは「時間を無為に過ごす」といったように否定的に使われる言葉です。しかし、「無為」というのは、ただ何もしないでぶらぶらしていることではないと思うのです。外から見れば、たしかに何もしないでぶらぶらしているにすぎないかもしれませんが、積極的に何かを追い求めるのではなく、じっとたたずんでいることも、必死に生きてきた自分をそうした生き方からいったん解放するという意味をもっているのではないかと思います。人生においてはそういうことが必要になるときがあるのではないでしょうか。またそのときが来たら歩きだせばよいのです。

手引き

1

「もしそういう人から『生きることにはそもそも意味があるのか』という問いを突きつけられたとき、わたしたちは『生きることには意味がある』とはっきり答えられるでしょうか」（149・17）という問いに、藤田さんはどのように向き合い、答えているだろうか。

2

自分にとって、「小さな自己」（152・12）が実現し「生きる意味」を感じられるような場面があるか、日々の生活を振（ふ）り返ってみよう。

『生きのびるための「失敗」入門』

雨宮処凛 著
河出書房新社〈14歳の世渡り術〉、二〇二一年

「失敗」の入門なんて不思議なタイトルだと思いませんか？「失敗」はふつうは避けるものだし、できればしたくないものですよね。けれども、この本を読むと、そうした考えが変わっていきます。

成功体験を語る本は多くても、「失敗」体験を語ってくれる本はなかなかありません。この本では、作家、元ひきこもり、ロボット研究者、探検家、臨床心理士、オタク女子、元野宿のおじさんたち……といったさまざまな大人の「失敗」談が披露されます。そして、「失敗」の持つさまざまな価値に気づかせてくれます。

たとえば、失敗があったからこそ人と出会うことができた人。あるいは、失敗を恐れずにもっと適当に生きていいと語る人。——この本を読むと、無理をして周りの価値観に合わせるのではなく、肩の力を抜いて自分らしく生きることの価値が実感されます。

『10代から知っておきたい あなたを閉じこめる「ずるい言葉」』

森山至貴 著
WAVE出版、二〇二〇年

「あなたのためを思って言ってるんだよ」——こんなことを大人に言われて、「本当に私のためになってるのかな？」「この上から目線はなんだろう」「なぜかありがたいと思えない」などと、モヤモヤしたことはありませんか。この本は、こうした大人の使う「ずるい言葉」への対処法を、29の分かりやすい会話例と分析を通して明らかにしてくれます。

「ずるい言葉」の中には、右のような「上から目線」が隠れた言葉のほか、「自分の都合」が隠れた言葉や、「分かっている」と言いながらまったく勘違いであるような言葉、決めつけや思い込み、偏見を含んだ言葉があります。

この本では単に対処法を示すだけではなく、知っておくとよい関連用語も紹介されています。読み終わった後には、こうしたずるい言葉を見抜けるようになったり、身近な関係の見え方が変わったりするかもしれません。

もっと読むなら

『「国語」から旅立って』
温又柔 著
新曜社〈よりみちパン！セ〉、
二〇一九年

あなたはどこの人ですか？　あなたのことばは何語ですか？　それらに疑問を持ったことはありますか？

幼少期に両親とともに台湾から日本に移り住んだ温さんは、現在、日本語で創作する小説家です。幼少期の彼女が出会ったのが『「国語」って何だろう？』という疑問でした。学校で習う「国語」は日本語のこと。でもずっと台湾で育っていたら自分の「国語」は中国語だったはず。国籍、言葉、生活する場所。自分の生い立ちと国の歴史と社会のあり方とが複雑にからみあう中で温さんは悩みます。そして、自分の思考を支える日本語と、両親の話す台湾語や中国語、それら自分の中にあるいろいろな声を日本語の作品の中に表現していく生き方をつかみ取っていきます。

この社会の中にある多様性。温さんの個人史は、同じようなルーツを持つ人にはもちろん、そうでない人にとっても、自分をつかむ知恵と勇気を与えてくれるはずです。

◆

『詩を書くってどんなこと？——こころの声を言葉にする』
若松英輔 著
平凡社〈中学生の質問箱〉、
二〇一九年

詩は国語の授業で読まされたり、書かされたりするもの。それ以外に詩を書くなんて必要ないし恥ずかしい。そう思う人も多いでしょうね。でも筆者の若松さんは、詩が誰にでも必要であり、また誰にでも書けることを、繰り返し伝えてくれます。詩を書くことで私たちは、自分の心の奥底の声を言葉にできる。それが自分自身を励ましてくれる。上手い・下手にとらわれなければ、詩は私達の人生を深いところで支えてくれるのです。

決して簡単な本とは言えません。難しく感じる人は、断片的にでも、この本から気になる言葉や作品を見つけてみましょう。本書には多くの引用があり、それらが筆者の言葉と響き合って、読み手を深い思索に招きます。

迷っている人や悩みのある人、言いたいことが言えない人が、言葉の力を借りて、自分の宝物を自分の手で発見し、それを声に出す。その手伝いをしてくれる一冊です。

next books

第6章

未来をつくる

わたしが障害者じゃなくなる日

海老原宏美

平等ってなんだろう？

突然ですが、みなさんは「平等」ってなんだと思いますか？

わたしはずっと、「同じものを、同じだけ分ける」ことが平等だと思っていました。

その考えがまちがっていたと知ったのは、スウェーデンに行ったときです。

訪問先で「ケーキがあるから食べましょう」と、ホールケーキが出てきました。そこには一〇人くらいがいたので、当然人数分に切り分けるものだと思っていました。

すると、「ヒロミはどれくらい食べる？」と聞かれたのです。

「平等に、人数分に切り分けるんじゃないの？」

わたしが言うと、スウェーデンの人は答えました。

「その人がどれくらい食べたいか。それにかなう量が来るのが平等だよ。」


『わたしが障害者じゃなくなる日――難病で動けなくてもふつうに生きられる世の中のつくりかた』海老原宏美（一九七七―二〇二一年）、旬報社、二〇一九年

海老原さんは、筋肉が衰える病気のため、車いすに乗り、人工呼吸器をつける障害者。難病をかかえながら、障害者の自立支援の活動を続けました。そんな海老原さんから「わたしが障害者なのは、あなたのせい」と言われたら「どういうこと？」って驚きますよね。すべての人が生きる社会の平等や権利について考えるための必読の書。ぜひ手にとってください。

確かに、たくさん食べたい人もいれば、ひと口だけでいいという人もいるでしょう。体の大きさだってちがう。みんなが同じだけ食べなくちゃいけない、ということもありません。

自分が必要としている分がちゃんと来るのが平等だと言われて、わたしは衝撃を受けました。大人になるまで当たり前だと思っていたことに、「その当たり前を、もっとよく考えようよ」と言われた気がしました。

日本では、お店でサラダが大皿で出てくると、だれかがお皿に取り分けてくれます。五人なのに、プチトマトが四個しかないと、「どうしよう」って悩むかもしれない。でも、トマトはあまり好きじゃないからいらないという人だっているはずです。

「必要な分をもらうことが平等」という考え方を知ると、「★みんなに同じだけ分けるのが平等」という考え方が、なんだかちょっとおかしなものに思えてきました。

スウェーデンでは障害者の介助ヘルパーも、二四時間必要な人には二四時間のサービスを、一日三時間でいいという人には三時間のサービスを提供しています。

ところが日本では、みんなが同じように「一日一〇時間まで」と決められて、それを使うことが平等になっている。「それって本当の平等かな?」と思うのです。必要なものや量は、一人ひとりちがうからです。

スウェーデンの平等は、一人ひとりの望むことをしっかり聞かなければなりません。

それぞれがちがうので、平等はとてもめんどうです。

だから日本では、そのような考え方が広まらないのかもしれません。

「同じにしておけば、文句は言われないだろう」という平等。

「同じだけ分けといたからね、はい終わり！」という平等。

考えることが、そこで止まっていないでしょうか。

平等という言葉を聞くと、わたしは「クセモノだなあ」と思います。なんとなくいい言葉に聞こえるけれど「だまされないぞ」って身がまえてしまいます。

わたしが思う平等は、スウェーデンでの体験がベースになっています。平等とは、その人が必要としている分がちゃんと与えられること。障害がある人にとっては、地域でふつうの生活ができるように、その人にとって必要な環境がしっかり整えられることだと思うのです。

思いやりってなんだろう？

★わたしが「クセモノだなあ」と思う言葉がもう一つあります。
それは、「思いやり」です。

「思いやりって、大事じゃないの？」

ふつうはそう思いますよね。

思いやりとは、相手に対してやさしい心を持つこと。家でも学校でも、思いやりを大切にしなさいと言われているかもしれません。

でも、ちょっと立ち止まって考えてほしいのです。

みなさんに知ってほしいのは、日本で障害者運動が始まるきっかけとなった事件です。一九七〇年、横浜市で重度の脳性まひの二歳の女の子を、お母さんがエプロンのひもでしめ殺してしまいました。

脳性まひとは、出産のときに酸欠状態になるなどして起きる生まれつきの障害です。体にまひが出て動かなかったり、筋肉がつっぱるような状態になったりします。

そのお母さんは、つきっきりで女の子の介護をしていました。自分も大変だし、この子がかわいそう。大きくなっても将来の希望が持てない。そう考えて、自分の子どもを殺してしまったのです。

殺人罪は大きな罪ですが、このとき近所の人たちから声が上がりました。

「お母さんの大変さはよくわかる。だから刑を軽くしてあげてほしい。」

その意見はだんだん大きくなっていきました。

すると今度は殺された女の子と同じ脳性まひの障害者のグループが言いました。

「障害があるからといって、わたしたちは殺されてもいい存在なのですか？」

そうして立ち上がった障害者によって、障害者運動が始まったのです。

みなさんは、この事件についてどう思いますか？

お母さんの刑は軽くしたほうがいいと思いますか？

「こんな姿で生きていたってかわいそう。」

「将来、明るく生きていけるとは思えない。」

結局、このお母さんは思いやりによって自分の子どもを殺してしまったのです。

わたしは思いやりという言葉は、どこか上から目線だと感じます。

「かわいそうだから、やってあげなくちゃ。」

「大変な人がいたら、手伝ってあげなくちゃ。」

そういう気持ちが、思いやりです。

もちろん、人に対するやさしい気持ちは大切です。でも、障害者が弱くてかわいそうだから、助けてあげるのですか？

それはちがうんじゃないかと、わたしは思います。

思いやりより「人権」

障害のある人もない人も、目指すのは思いやりじゃなくて「人権」です。

人権とは、すべての人が生まれながらに持っている、人が人らしく生きていくための権利です。

子どもにも人権があるし、障害者にも人権がある。ホームレスの人にも人権があり、もっと言えば犯罪者にだって人権があります。

★人権と思いやりは、ぜんぜん別のものです。

「人権ってなに？　理解するのが難しそう」と思うかもしれません。

たしかに人権を説明するのは、わたしにとっても難しい挑戦です。でも、ここで人権についてじっくり考えてみたいと思います。

車いすの人が段差のある場所で困っていました。あなたはそばを通りがかったとします。手伝ってと言われたらどうしますか？

きっと手を貸そうと思うでしょう。何人かで協力して車いすを持ち上げれば、段差を越えることができます。

では、あなたが手を貸してあげようと思ったのはなぜですか？

車いすの人が、かわいそうだから？

その車いすの人が、すごーくイヤな感じの人だったらどうしますか？

無視して通りすぎてしまうでしょうか？

「かわいそうだからやってあげよう」というのが思いやりです。

でも、車いすの人を助けるときに必要な気持ちは、「かわいそうだから」ではありません。障害があっても、健常者と同じようにふつうに生活する権利がある。だから助けるのです。

「かわいそうだから」「弱いから」助けてあげるというほうが、わかりやすいものです。でもその気持ちは、相手や気分によって左右されてしまいます。

人権は、あなたの感情や思いには左右されません。

イヤなヤツでも、許せない相手でも、どんな人でも人間として生きる権利があります。尊重される権利があるのです。

極端な例ですが、殺人をおかした人をどんどん死刑にしてよいかというと、それもちがいます。被害を受けた人の立場にたつと「死刑にしてほしい」という気持ちはわかりますが、殺人犯にも人権がある。簡単に死刑にはできません。

どんな人にも人権があるのです。

人権と人の感情は別だということを、覚えておいてください。

権利を守り続けること

障害者は長い間、差別をされてきました。

公共の乗り物に乗るときには、「車いすの人は手伝えるスタッフがいないから乗らないで」と乗車拒否にあうことがあったし、レストランでも「混んでいるときは車いすの人は来ちゃダメ」と言われました。

大多数の人の迷惑になるという理由で、車いすの人は遠慮をしなければなりませんでした。それは当たり前のことで差別だと思われていなかったし、差別をしてはいけないということも法律で決められていなかった。障害のある人は、健常者と同じ生活をする権利が認められていませんでした。

日本で、障害者の人権が認められてきたのは最近のことです。

健常者がいつ電車に乗ってもいいのと同じで、障害者だってどんな時間帯に電車に乗ってもいい。それは権利なのです。

わたしには重度の障害があり、生活のすべてに介助が必要で、重度訪問介護という公的サービスを使っています。今は全部で一五人のアテンダント（介助者）が交代で関わってくれています。

これも、わたしがふつうに暮らしていくための権利です。

アテンダントには、わたしがトイレやお風呂（ふろ）に入りたいときに介助をしてもらうし、食べたいときに食べたいものを作ってもらうし、行きたいところにはいっしょに行ってもらいます。人工呼吸器など機械の操作もやってもらいます。

介助されているからといって、わたしはいじけたり卑屈（ひくつ）になったりすることはないし、えらそうに命令するつもりもありません。介助は障害のない人と対等に生きていくため、自立して生きていくためのわたしの権利なので、アテンダントにはわたしのやりたいことをはっきり伝えて動いてもらいます。

これらの権利は、長年かけてようやく障害者がつかんだものです。わたしたちはこうした権利があると言い続け、努力して守り続けていかなければなりません。

なぜなら、だまっていると、大多数の意見に負けてしまいそうになるからです。★ふつうの社会では、大多数の迷惑になる少数の人の権利は、優先順位が低いと思われています。

だから、障害のない人にもこのことを知ってほしいのです。

障害のある人は、生まれたときから差別を受けています。

ふつう、赤ちゃんが生まれたら「おめでとう」と言われますが、障害があるとわかった瞬間（しゅんかん）、「おめでとう」とは言われません。周囲の人はみんな困って、親は「これからこの子とどうやって生きていこう」と嘆（なげ）きます。

障害さえなければ差別されなかったのに、嫌（いや）な思いをせず生きてこられたのに、と多くの障害者が思っています。

でも、障害のある自分を好きになり、「障害者だからこそできることがあるよ」と自信をもって生きることが大事だとわたしは思っています。

そのために、自分たちの権利をしっかりと守っていくこと。困ったときはちょっと手を貸してもらうこと。障害者のことを多くの人に知ってもらうこと。それがわたしの仕事でもあると考えています。

手引き

1

海老原さんは、障害者が「ふつうに生活する権利」(166・7)を持つとはどのようなことだと考えているか。「平等」「思いやり」「人権」という言葉を使って説明してみよう。

2

「イヤなやつでも、許せない相手でも、どんな人でも人間として生きる権利」(166・12)があるという考え方についてどう思うか、話し合ってみよう。

君たちは社会を信じられるか

ブレイディみかこ

日本の台風一九号[*1]による河川の氾濫の映像が英国のニュース番組で繰り返し流れていた。水の怖さを思い知らされるような映像を眺めながら、「日本は天災の多い国やけん、それはもうしょうがないけど、人災はなんとかしてもらわんと」と言っていた湯布院[*2]の温泉旅館の若旦那を思い出していた。

「東京の避難所からホームレスの人が追い返されたんだってね。」

テレビのニュースを見ていた息子がわたしのほうを見て言った。東京の台東区の避難所の話は、左派のガーディアン紙[*3]、中道のインディペンデント紙[*4]、保守のデイリー・メイル紙[*5]まで幅広く取り上げられ、BBC[*6]でも報道された。

「ひどい話だよね。」

とわたしが答えると、息子が言った。

「けど、英国も一緒だよ。この近辺の人たちだって、図書館の建物にホームレスの人たちを受け入れるの、拒否してるから。」

『ぼくはイエローでホワイトで、ちょっとブルー2』
ブレイディみかこ（一九六五年―）、新潮社、二〇二一年

ブレイディさんは英国在住のライター・コラムニスト。英国人の夫との間に生まれた息子の中学校生活を通して社会を見つめるエッセイ『ぼくはイエローでホワイトで、ちょっとブルー』は、大きな反響を呼びました。本文はその続編からの一節。貧困、格差や差別といった社会の抱える問題を、中学生の彼は等身大の視点からどう見つめているのでしょうか。

「……。」

「実は、国語のスピーチのテストで、そのことをテーマにしたんだ。」

「え、スピーチのテストとかあるの？」

「うん。例えば、人種差別とか、気候変動とか、テーマを決めて五〇〇ワードでスピーチの文章を書いて、それをクラスで読み上げないといけない。」

話を聞いてみれば、英国のＧＣＳＥ（中等教育修了時の全国統一試験）の国語の試験には、スピーチのテストがあるらしい。自分で五分程度のスピーチの内容を書いて、それを話す様子を録画したテープが試験官に送られるそうだ。だから、いまのうちから授業でその訓練として、スピーチの書き方のメソッドを習っているらしい。それが息子たちの先生のオリジナルなのか、有名な手法なのかは知らないが、「５Ｓ」というメソッドに従って書くことになっているそうだ。「Situation（聞き手が想像できるようなシーンを設定して議論を始める）」「Strongest（演説の最も重要な主張を提示する）」「Story（個人の経験談を用いて自分の主張を裏付ける）」「Shut down（反論を封じ込める）」「Solution（処方箋を提案する）」の五つのＳの順番でスピーチの文章を書き進めていくという。

「ほかの子たちはどんなテーマを選んだの？」

「女子は摂食障害[*7]を選んだ子が多いかな。ドラッグの問題やＬＧＢＴＱ[*8]で書いてい

1 **台風一九号**　二〇一九年一〇月一二日に関東地方を通過した台風。記録的な大雨で、静岡から東北地方にかけて甚大な被害をもたらした。

2 **湯布院**　大分県中部の温泉地。

3 **ガーディアン紙**　イギリスの高級日刊紙。The Guardian

4 **インディペンデント紙**　イギリスのオンライン新聞。The Independent

5 **デイリー・メイル紙**　イギリスの大衆日刊紙。The Daily Mail

6 **BBC**　イギリスのラジオ・テレビ局。イギリス放送協会British Broadcasting Corporationの略。

7 **摂食障害**　拒食症・過食症など、摂食を通じて現れる障害。

8 **LGBTQ**　144ページ注13参照。

る子もいる。オリバーは、ポリティカル・コレクトネス[*9]について書いてるんだって。」

「そりゃまたえらく現代的だね。」

「お父さんと大学生のお兄ちゃんがよくそれで議論になることがあっていろいろ漏れ聞いているから、一番書きやすいんだって。」

一三歳や一四歳の中学生がこんなテーマの数々を論じるなんてちょっとすごいんじゃないかと思った。

「で、あんたはホームレスの問題を選んだの。」

「最初は図書館とシェルター[*10]の話にしようと思ったんだけど、家族が反対運動に参加している子たちもいるから、言いづらいこともあって……。」

口ごもった息子の横顔を見ながら、わたしはダニエルの父親のことを思い浮かべていた。元図書館の建物の近くに不動産を持っているというダニエルの父親は、元図書館をホームレスのシェルターにする案に反対する運動を立ち上げていた。最近も、近所の小学校の下校時間に、校門前で彼と数人の人々が反対運動のビラを配っていた。

息子がこの問題についてどんなスピーチをするつもりなのかは知らないが、ダニエルの友人である彼には確かに微妙なテーマである。

「だから日本の避難所で起きた問題を題材にすれば、よその国のことだと思う人はそう聞くだろうし、図書館のことも同じじゃないかなと思う人はそう思うだろうし、そ

9 **ポリティカル・コレクトネス** 政治的に正しいこと。［英語］political correctness

10 **シェルター** 悪天候や危険から身を守るための隠れ場所。避難所。［英語］shelter

のぐらいならやりやすいと思って。」

と息子は言った。ホームレスの人々に対する差別的な発言が多くなったというダニエルに遠回しに意見するつもりなのかもしれない。が、それだけでこのテーマを選んだわけでもないのかなと思う。二年ほど前、大雪の日にホームレスのシェルターに連れて行って以来、彼はホームレスの問題に関心を持っていて、あの日シェルターにいた人に貰ったキャンディーをいまでも持っている。

「ホームレスの問題をテーマにした子は他にもいるの？」

と聞いてみたら息子が首を振った。

「実は、僕のテーマはホームレスの問題じゃないんだ。」

「え？　違うの？」

意外だったので尋ねると、息子は真っすぐこちらを見て答えた。

「うん。テーマは『社会を信じること』っていうんだ。」

何かめちゃくちゃ深淵な答えが返ってきたことだけはわかった。が、ホームレスの避難所問題と社会を信じることがどうつながるのかはわたしにはわからなかった。

「いいテーマだと思うけど、それがどう日本で起きたこととつながるの？」

「ちょっと想像してみて。ものすごい巨大な台風が来ていて、雨風も激しくなって、ここに入れてくださいってホームレスの人が訪ねてきた、その避難所に自分が勤めていたとするでしょ。そこで★『ダメです』って言った人のことを僕は考えてみた。」

「うん……？」

「避難所にいないと危険なぐらいの嵐だよ。そんなときに『あなたはダメです』って追い返したら、命にかかわるとわかってる。その人に何かあったら自分のせいだ。そんなの嫌だよね。」

「それは、絶対に嫌だよね。」

「だったら、どうしてその人はダメって言えたの？」

　確かに、人間にとって誰かが自分のために亡くなるかもしれないという状況は究極の心の負荷だ。誰だってそんな重荷を負う決断は下したくない。だったらなぜ追い返すことができたのだろう。

「……たぶん、その人はそのとき自分のことは考えていなくて、というか、自分のことを考えていたとしても、それは避難所にいるほかの人たちとか、一緒に働いている人たちが自分のことをどう思うかということを考えていて、なんていうか、うまく言えないんだけど、本当には自分のことを考えてなかったんじゃないかな。」

　あの出来事の後で、日本のネットでは「日本人は自分のことばかり考えて他人のことを考える余裕がなくなっている」みたいな主張が散見された。が、息子はちょっと違うことを考えているようだ。

★どうしてその人のことを考えようと思ったんだろう？

「避難所にいるほかの人たちとか、そこで働いている人たちは、みんなホームレスの人を受け入れたくないはずだと考えたから、追い返したんじゃないかな。ライフ・スキルズの授業で、先生が『社会とは、早い話が、あるコミュニティ[*11]の中で共に生活している人々の集団』って言ってた。だとしたら、ホームレスを追い返した人は、避難所という社会を信じていない。」

「……。」

社会を信じる(ビリーヴ)、と息子は言ったが、それは社会に対する信頼(トラスト)と言い換(か)えることもできる。

これはより大きなスケールでの「社会」にも拡大できると思った。ホームレスの人を受け入れなかった避難所は、メディアや一般(いっぱん)の人々からも激しく非難されることになった。そうなることを予見できなかった避難所の職員は、★社会を見誤っていた、というか、見くびっていたのだ。

逆にその職員が、社会の人々も自分と同じように感じるはずだと信じることができれば、社会には必ず自分の決断を後押(あとお)しする人々もいると信じることさえできれば、たとえ規則や慣習がどうなっていようとも、現場や個人の判断で誰かの命を守ることはできるはずなのである。

「社会を信じること、か……。そのテーマ、スピーチのテストには大きすぎる。」

11 コミュニティ　地域社会、共同体。［英語］community

★
見くびっていたって
どういう意味？

とわたしが漏らすと、息子が忌(い)まわしそうに言った。

「だから僕のスピーチ、もう三〇〇ワードもオーバーしてて、それでも結論に辿(たど)り着けなくて……。こんな問題の解決策なんて僕にはわからないもん。スピーチの点数、すごく低くなるかも。」

「社会を信じるための処方箋とか、そんなの大人でもわかんないよ。」

「結局は『でも僕たちはそのことを考えるのをやめてはいけない。ずっと考えていかなきゃいけない』みたいな、よくある終わり方になっちゃいそうな気がする。退屈(たいくつ)な結論だから、やっぱりいい点数は貰えないかもね。」

「そこまで大きなテーマを選んだんだったら、もう点数なんてどうでもいいよ。すごく難しいことは、バシッと言い切れる結論にはならない。何かを言い切ったほうがエンターテイニングだけど、わからないって正直に終わるのもリアルでいい。」

　いつの間にか物書きの立場から真剣(しんけん)に喋(しゃべ)っている自分にハッとしたが、こんなことを息子と話せるようになるとは思わなかったのでしみじみと彼の顔を見た（そして、執筆(しっぴつ)の役にも立つんじゃないかと思って、スピーチ文の構成に関するプリントをコピーさせてもらったのは言うまでもない）。

手引き

1　ホームレスの人を追い返した避難所の職員が「本当には自分のことを考えてなかった」(175・14)とはどういうことか、説明してみよう。

2　最近の身近な出来事の中で、「社会を信じられるかどうか」に関わると考えられるようなことを一つ挙げて、話し合ってみよう。

友だち幻想

菅野仁

小学校に上がるころ、ほとんどの人が聞いたり歌ったりした記憶があると思いますが、「一年生になったら」[*1]という歌があります。「一年生になったら、友だち一〇〇人できるかな」という歌詞なのですが、あれってけっこう強烈なメッセージですよね。小学校の一年生になったら、友だちを一〇〇人作りたい、あるいは一〇〇人友だちを作ることが望ましいのだという、暗にプレッシャーを感じた人も多いのではないでしょうか。

学校というのは、とにかく「みんな仲良く」で、「いつも心が触れ合って、みんなで一つだ」という、まさにここで私は「幻想」という言葉を使ってみたいのですが、「一年生になったら」という歌に象徴されるような「友だち幻想」というものが強調される場所のような気がします。けれど私たちはそろそろ、そうした発想から解放されなければならないと思っているのです。

私が言いたいことは、「子どもたちが誰でも友だちになれて、誰でも仲良くなれる」ということを前提としたクラス運営・学校経営は、やはり考え直したほうがいいので

『友だち幻想——人と人の〈つながり〉を考える』

菅野仁（一九六〇―二〇一六年）、ちくまプリマー新書、二〇〇八年

友だちは大切、なのに友だちとの関係を重苦しく感じてしまう——こんな時、つい自分を責めたり傷ついたりしてしまいますが、社会学者の菅野さんはこれまで無条件に良いものとされてきた「親しさ」や「人とのつながり」に別の角度から光を当て、私たちの「思い込み」を明らかにしてくれます。学問が私たちを自由にしてくれることが実感できる本です。

はないでしょうかということです。

私は教育大学に勤めていますので、仕事柄、小中学校の校長先生や先生方とお話しをする機会も多いのですが、非常に人格がすぐれていたり、リーダーシップもある先生、教育現場で力を発揮していると定評のある先生ですら、というよりもだからこそかもしれませんが、やはり「子どもたちというのはみんな良い子たちだから、教師がサポートさえすれば、みんな一緒に仲良くできるはず」という前提で頑張っているようなのです。

どの学校でも、やはり「いじめゼロ」を目指しています。そのためのプランを伺うと、「それにはみんなで一つになって」とか、「人格教育に力を入れて、心豊かな子どもたちを育てたい」「みんなで心を通い合わせるような、そんな豊かなクラスを作っていきたいと思っているんです」と熱く語られます。でも、私はちょっとひねくれた人間ですから、「それは理想だろうし、努力目標として高く掲げるのはまあいいのかもしれないけれども、そういうスローガン[*2]だけでは、逆に子どもたちを追い詰めることにならないかな」と、どうしても思ってしまうのです。

「〇〇ちゃん、そんな一人でいないで、みんなの輪に入りなさい」という言葉にかえって圧力のようなものを感じる子どもや、みんなと一緒になれないということを気にするあまり「僕はダメなんじゃないか」と思う子どもも少なくありません。また理屈

1 **「一年生になったら」** 作詞：まどみちお、作曲：山本直純。

2 **スローガン** 企業や団体の理念や運動の目的を、簡潔に言い表した標語。［英語］slogan

を超えて「こいつとはどうしても合わない」というクラスメートだっているはずです。大人になってからは、みんな誰もがそういう体験をしているはずなのに、「子どもの世界はおとなの世界とは違う。子どものころはどんな子どうしでも仲良く一緒になれるはず」というのは、子どもの世界にあまりにも透明で無垢なイメージを持ちすぎなのではないでしょうか。

学校文化を振り返って考えると、これまではやはり「同質的共同性」★という側面にしか目が向けられてこなさすぎたのではないかと思います。

昔は「同質的共同性」だけでよかった

「クラスはみんな仲良く」という考え方には、昔はたしかに現実的な根拠があったのです。

なぜなら、小学校はだいたいムラに一つだったからです。

「自然村」といわれる農村社会学の概念があります。行政村と対比される概念で、だいたい室町時代から江戸時代までの間に人びとが自然に集まってできた集落のことですが、明治時代になってこの自然村を基盤に小学校が建ってくるわけです。そうすると、そこは代々家族ぐるみで顔見知りの子どもたちが集まることになります。お互い

親同士も顔見知りで、場合によっては何代も前から、「あの家はこうで、こっちの家はああで」と知っていて、「あの家から今度は次男坊が入ってきた」というような、学校を支える地域ぐるみでの濃密な関係がはじめからできていたのです。

そういう中で学校やクラスの運営がされていたわけで、近隣ネットワークのあり方が今とは全然違うわけです。昔の濃密な近隣の支えがあってはじめて、「クラスみんなが仲良くなれるかな」という状態だったのです。

むろん、昔のそういう時代だって、じっさいはクラス全員が仲良くなるというのは難しかったとは思います。でも、今に比べれば、ムラの共同的生活を核にした地域の支えがとても強かった。村中が総出で田植えや稲刈りを共同で行ったり、道路が傷めば道普請[*3]をし、共有林の下刈りなどの共同作業もありました。そうした地域の支えという現実的根拠があるからこそ、学校における共同性は実現していたわけです。

しかしとりわけ一九八〇年代以降は、都市部ばかりではなく地方においてもそういう支えがほとんどなくなってきていて、地域自体が単なる偶然にその場に住んでいる人たちの集合体になってきています。同じ地域から学校に通って来ていると言っても、先生方は今でもついつい「クラスは運命共同体だ」というような発想になりがちなのだけれども、子どもたちは単なる偶然的な関係の集まりだとしか感じていない場合が多いのです。

3 **道普請**　道路を直したり、建設したりすること。

こうした状況の中で、クラスで本当に「こいつは信頼できるな」とか、「この子といると楽しいな」という、気の合う仲間とか親友というものと出会えるということがあれば、それはじつは、すごくラッキーなことなのです。そういう友だちを作ったり出会えたりすることは当然なのではなくて、「とてもラッキーなこと」だと思っていたほうが良いことは多いような気がします。

そういう偶然の関係の集合体の中では、当然のことですが、気の合わない人間、あまり自分が好ましいと思わない人間とも出会います。そんな時に、そういう人たちとも「並存」「共在」できることが大切なのです。

そのためには、「気に入らない相手とも、お互い傷つけあわない形で、ともに時間と空間をとりあえず共有できる作法」を身につける以外にないのです。大人は意識的に「傷つけあわず共在することがまず大事なんだよ」と子どもたちに教えるべきです。そこを子どもたちに教育していかないと、先生方のこれからのクラス運営はますます難しくなると思います。「みんな仲良く」という理念も確かに必要かもしれませんが、「気の合わない人と並存する」作法を教えることこそ、今の現実に即して新たに求められている教育だということです。

「やりすごす」という発想――無理に関わるから傷つけあう

子どもたちに対するこうした教育の方向性は家庭でも必要なことだと思います。

子どもが「○○ちゃんていうムカつくやつがいる」と家でふと漏らしたときに、「その子にもいいところはあるでしょう。相手のいいところを見てこっちから仲良くする努力をすれば、きっと仲良くなれるよ」というのは一見懐の広い大人の意見ですよね。その理想どおりに運ぶこともあるでしょうが、現実にはなかなか難しいかもしれません。こんなときは、「もし気が合わないんだったら、ちょっと距離を置いて、ぶつからないようにしなさい」と言ったほうがいい場合もあると思います。

これは「冷たい」のではありません。無理に関わるからこそ、お互い傷つけ合うのです。ニーチェ[*4]という哲学者の言葉で、「愛せない場合は通り過ぎよ」という警句があります。あえて近づいてこじれるリスクを避けるという発想も必要だということです（詳しくは、竹田青嗣『自分探しの哲学』〈主婦の友社〉を参照してください）。

ニーチェは、「ニヒリズム[*5]」という言葉で有名な哲学者ですが、もうひとつ「ルサンチマン」というキーワードに焦点を当てて、ものを考えた人です。ルサンチマンとは「恨み、反感、嫉妬」といった、いわば人間誰もが抱きうる「負の感情」のことで

4 ニーチェ　Friedrich Wilhelm Nietzsche　一八四四―一九〇〇年。ドイツの哲学者。「愛せない場合は通り過ぎよ」は、著書『ツァラトゥストラはこう言った』の中の言葉。

5 ニヒリズム　149ページ注1参照。［英語］nihilism

す。

誰でも、自分がうまくいかなかったり、世の中であまり受け入れられなかったりしたときに、自分の力が足りないんだと反省するよりも、往々にして「こんな世の中間違っているんだ」と考えたり、うまくいっている人たちを妬(ねた)んだりするものです。そんな感情を自覚して、「どうやりすごすか」を考えることが大切です。ニーチェは、「ルサンチマンについ陥(おちい)ってしまうのが人間の常なんだけれども、そこからどう脱却(だっきゃく)できるか」ということを示唆(しさ)している哲学者です。「やりすごす」という発想が、非常に大事なことだと私は思っています。

手引き

1 「そうした発想から解放されなければならない」(179・9)と菅野さんが言っているのはなぜか、説明してみよう。

2 あなたが「友だち幻想」を感じる表現や場面を挙げてみよう。

まだ生まれていない人たちの幸せを考える必要があるのか

吉永明弘

「将来世代に配慮する」とはどういうことか

環境問題を解決するには「持続可能な社会」を構築することが必要だといわれています。持続可能性（サステナビリティ）とは「将来世代のニーズを満たす可能性を損なうことなく現在の世代のニーズを満たす」という考え方です。これは、環境倫理学の基本主張の一つである「世代間倫理」に関わります。

世代間倫理とは、現在世代にはまだ生まれていない将来の世代に配慮すべき責任がある、という主張です。この主張には常識的に見える面と、非常識だと思われる面があります。これらを順に見ていきましょう。

『はじめて学ぶ環境倫理――未来のために「しくみ」を問う』
吉永明弘（一九七六年―）、ちくまプリマー新書、二〇二一年

倫理学は、「善い／悪い」「すべき／すべきでない」をわける基準や根拠を探究する学問。そうした探究を環境問題に焦点をしぼって行う分野が、吉永さんが専門とする環境倫理学です。この本は、環境問題に対して社会の「しくみ」を構築しようという立場に立っていて、よく耳にする「一人ひとりが努力しよう」という発想とは異なる、学問的な考え方に触れることができます。

将来世代に配慮する、ということは実は身近に行われています。たとえば、学校★の部活動には停滞する時期がありますよね。特に文化部はそうです。ある大学の文芸部では、活動が停滞し部員に元気がないときに、過去の先輩たちが貯めてきた資金（部費）を使って旅行に行こうという案が出されました。そのときに、一人の部員が、「そのお金は新入部員が入らずに部費が足りなくなったときのために貯めてあるのであって、多少元気がないからといって自分たちの代で使うのはおかしい」と主張し、旅行は取りやめになりました。

この場合、将来の部員はまだ存在していないわけですが、それにもかかわらず、現在の部員の利益よりも将来の部員の利益が優先されたことになります。そしてこの主張は「将来部員が入るかどうかわからないのだから、いない人のことを考える必要はなく、自分たちの代でお金を使ってよく、その結果あとで部がつぶれたとしても仕方ない」という主張よりも受け入れやすいと思われます。

将来世代に配慮しないとどうなるのか

次に、「将来世代に配慮しないとどうなるのか」という点を考えてみましょう。ここでは、過去の世代が決定したことによって現在の私たちがどのような影響を受けて

いるか、を検討してみます。

私たちはすでに国レベルでの「将来世代に配慮しない政策」のツケを払わされている世代といえます。たとえば、戦後に行われた「拡大造林」という政策があります。戦後復興のために木材として役に立つスギなどの木を大量に植えてきましたが、植える土地がなくなり、ついにはブナなどの木材にならない木（ブナは「橅」、つまり「木でない」という漢字が充てられることがあります）を切り倒して、そのあとにスギなどを植えたのです。

そこまでしてスギなどを植えたにもかかわらず、自由貿易の結果、輸入木材が増加して国内の林業が衰退し、杉林の管理が十分にできない状態が続いています。その結果、私たちは花粉症に苦しむことになりました。そう考えると「拡大造林」という政策は、メリットはあまりなく、花粉症というデメリットだけが私たちに残されたと言っていいでしょう。

それに対して私たちは、拡大造林政策の責任者を呼んで苦情を言うことができません。なぜなら拡大造林を立案した人々はすでに亡くなっているからです。これが世代間の*1不均衡です。今生きている人たちの間では責任の追及ができますが、亡くなってしまった人には文句も言えません。当時からみると将来世代にあたる私たちは、泣き寝入りするしかありません。このことを考えると、私たちはまだ生まれていない将来

1 **不均衡**　つり合い、バランスが取れていない状態。

の世代にツケを回すような決定をすべきではないということが実感できると思います。

世代間倫理は常識的なのか

これまでの例を見る限り、世代間倫理はきわめて常識的な考え方で、異論の余地はないように見えます。世代間倫理の考えを組みこんでいるＳＤＧｓ★や「持続可能な開発」について、総論としては反対する人があまりいないのも納得できます。

ただし、環境倫理学での世代間倫理の議論では、将来世代として、たとえば西暦三〇〇〇年の人類をも射程に入れます。そのとき、「西暦三〇〇〇年の時代の人々にも配慮すべきだ」と言われて、「そんなの常識だよ」とすぐに応じられるでしょうか。「そんな先のことは分からないよ」と言って一蹴したり、「その頃の人類の価値観は、今の私たちの価値観とは違うのではないか」と反論したりするでしょう。そう考えると、まだ生まれていない世代にも配慮すべき、という主張が、急に非常識なものに思えてくることでしょう。

では、そのくらいのスパンになると世代間倫理は成り立たない、ということになるのでしょうか。「私たちが配慮すべきなのは自分たちに近い世代だけでよい」という考えを押し通すことはできるでしょうか。

たとえば、「子どもや孫のために石油を残すべき」という主張は、異論のない、常識的なもののように思います。このときに子どもや孫がすでに存在していたら、彼ら(かれ)は現在世代ですから、世代間倫理の問題にはなりません。世代間倫理は「まだ存在していない人々に対する配慮」という点がミソだからです。そこで、まだ存在していない「ひ孫・玄孫(やしゃご)[*2]」の代（一二〇年～一五〇年後くらい）を「近い将来世代」として想像することにしましょう。「ひ孫・玄孫にも石油を残すべき」というのはまだ納得できる話のように思えます。

それに対して、「西暦三〇〇〇年の人類のために石油を残す」というのは抽象(ちゅうしょう)的で、イメージがわかないように思われます。その頃の世代のために私たちの石油使用に制限が課されるとなったら、なぜそんな遠い未来の人々のために不便を強(し)いられるのか、と不満を言いたくなるでしょう。そもそもその頃の世代にとって石油が必要かどうかも分かりません。

このように、あまりにもスパンが長い場合、世代間倫理は急に非常識な話に見えてきます。では、私たちは子や孫の代（現在世代）や、ひ孫・玄孫の代（近い将来世代）には配慮すべきだが、遠い将来世代は無視してよい、ということになるのでしょうか。

2 **玄孫**　ひ孫の子。孫の孫。

資源問題よりもゴミ問題が重要

いま、石油を例に挙げましたが、それは世代間倫理を説明するときに資源の問題がよく使われるからです。「今の世代が石油を全部使ったら、後の世代が使えなくなる。だから省エネしよう」という話で、非常に分かりやすい例のように思えます。しかし実際には、石油の燃焼の結果としての地球温暖化が登場してしまい、その結果、資源枯渇を気にする以前に廃棄物（CO_2など）の削減のほうが重要課題になっています。

また先にもふれたように、石油を残せという要求に対しては、後の世代にとって石油が必要かどうかは分からないという不可知論や、資源が枯渇してもその時代の人たちが何とかするだろうという楽観論が存在します。歴史をさかのぼると、過去の人類も、木炭から石炭、石炭から石油というように、その都度資源を開発してきたので、不可知論や楽観論が出てくるのも分かります。

それに対して、ある程度確実に分かることで、しかも楽観できないのが、廃棄物（ゴミ）の問題です。今の経済システムは処理できない廃棄物をどんどん生み出しており、その影響は将来世代にまで及びます。世代間倫理が必要な例は、廃棄物問題だといえます。そこで次からしばらく廃棄物について考えてみることにします。

ゴミ生成の不等式

加藤尚武[3]は、『環境倫理学のすすめ』[4]のなかで「ゴミ生成の不等式」と呼べるものを提出しています。「ゴミは、使用期間をすぎたのに耐用期間を保っている物質である」。つまり、一日使うだけなのに、放っておくと何年も形が残る、というものがゴミなのです。これを不等式で表すと次頁のイラストのようになるでしょう。

今、プラスチックごみによる海洋汚染が話題になっています。ウミガメがビニル袋を飲み込んで窒息死したという話を聞いたことがあるかと思います。プラスチックごみの問題点は、耐用期間が長すぎることにあります。コンビニエンスストアから公園まで一五分、商品を運ぶためにレジ袋を使い、その袋を公園脇の草むらに捨てたら、長期間そこに残り続けます。プラスチックが海に流れ込んだら、しばらく漂い続けます。そもそもプラスチックの利点は容易に自然分解されないという点にありましたが、ここではそれが仇となっています。

逆に言えば、「使用期間が過ぎるとすぐに消滅すればゴミが出ない」ということになります。これはつまり、使用期間＝耐用期間、ということで、自然分解するものはゴミにならないということです。ミカンは、食べられなくなるとき（使用期間が終

3 加藤尚武　一九三七年―。哲学者・倫理学者。生命倫理学を日本に導入し、環境倫理についても積極的に発言している。

4『環境倫理学のすすめ』

丸善出版、一九九一年刊行。増補新版が二〇二〇年に刊行されている。

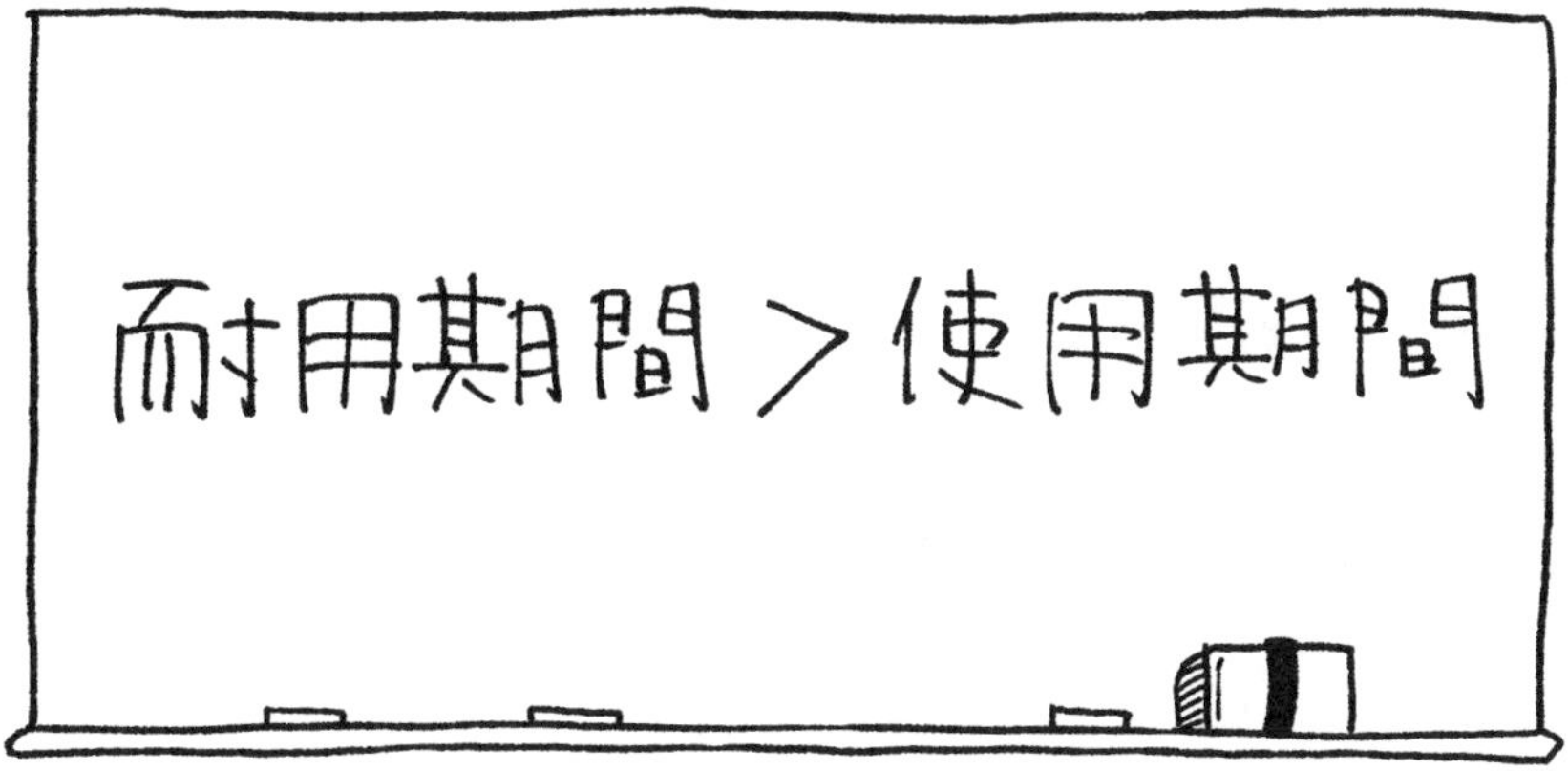

耐用期間＞使用期間

ゴミ生成の不等式

了）と、腐って土に返るとき（耐用期間が終了）がほぼ同じです。この場合はゴミが発生しません。ここから分かるのは、自然分解されるもので暮らせばゴミは出ない、ということです。

技術者なら、自然分解されるプラスチックを開発してやろう、と意気ごむかもしれません。環境倫理学では、この問題をどうやって乗り越えようとするのでしょうか。もちろん、極端に生活の幅を狭めるような「自然分解するものだけで暮らすべきだ」と主張することはありません。では、どのように考えるのでしょうか。

長く使える製品をつくるべき

加藤は著書のなかで、もう一つ別のゴミ戦略を描いています。それは、使用期間が永遠のものを作ればよい、という提案です。そんなものは存在するのでしょうか。

加藤によれば、それは「芸術品」だといいます。南禅寺[*5]の扇面屏風[*6]を捨てる人はいない、という例を出していますが、確かに芸術品は決してゴミになりません。文化財[*7]もそうでしょう。高松塚古墳[*8]の壁画は、使用期間が「永遠」なのに、耐用期間のほうが先に尽きようとしていたため、必死の修復作業が行われました。すべての製品を芸術品に、というのは不可能ですが、少なくともモノをつくる人は、使い捨て商品ではなく長持ちする製品をつくるべきだ、という「製造者の倫理」がここから導かれます。

より長持ちする製品をつくるべき、という観点からすると、近年住宅メーカーが推している「百年住宅」という工法が評価されるべきでしょう。千葉県職員で産廃Gメン[*9]として有名な石渡正佳[*10]は、『スクラップエコノミー』[*11]という本のなかでこう述べています。

「実は、戸建て住宅の重さは、ちょうど一生分のゴミの量と同じ三〇～五〇トンである。住宅を一度でも解体したことがある人は、一生分のゴミを一度に出したことにな

5 南禅寺　京都にある臨済宗南禅寺派の大本山。

6 扇面屏風　書画を描いた扇面を装飾のモチーフとした屏風。

7 文化財　文化活動の結果として生み出されたもので、文化的価値のあるもの。

8 高松塚古墳　七世紀末か八世紀初めに出来た円墳。奈良県高市郡明日香村にある。

9 産廃Gメン　不法投棄の防止や早期発見のため、監視活動をする人たち。

10 石渡正佳　一九五八年―。県庁で産業廃棄物行政を担当。不法投棄ゼロを目指した取り組みや講演活動を行っている。

るのだ」。つまり、毎日ゴミの削減に努力しても、一回建て替えをしたらその努力が帳消しになるということです。

住宅をスクラップにすることは大口の廃棄物を生み出すので、ここを改善することは大きな成果につながります。しかし、個々人に「建て替えを控えよう」と呼びかけても限度があります。そもそも現在の日本の住宅は二五年くらいしかもたないつくりになっているわけですから。改善が必要なのは買う側ではなく、売る側、作る側です。その点から、住宅の寿命が二五年から一〇〇年に延びる「百年住宅」の工法は高く評価されるべきで、これが普及すればたいへんな量のゴミの削減につながることでしょう。

11『スクラップエコノミー』

日経BP、二〇〇五年刊行。

放射性廃棄物は最悪のゴミだ

さらにハードルを下げて、少なくとも「製品を作る段階で最終処分の方法を決定しておくこと」が求められます。言い換えれば、使用が終わっても処分もできずに延々と残り続けるようなものは作ってはいけない、ということになります。

使用が終わっても処分もできずに延々と残り続けるようなものの代表は、原発から出る放射性廃棄物（核廃棄物）です。二〇一一年の福島第一原発爆発事故以来、原発の危険性は広く知られるようになりましたが、二〇二一年現在も国内（西日本）で原発が稼働しており、そこからは放射性廃棄物が生み出されています。

これまでにも原発の稼働によって大量の放射性廃棄物が生み出されてきましたが、その処理方法はなく、それらは国内に大量に蓄積されています。原発は「トイレのないマンション」だとよく言われますが、それは、原発から出るゴミを処理する方法がないのに、どんどんゴミを出し続けている、という意味です。

原発から出る放射性廃棄物からは一〇万年間は放射能（放射線を出す能力）が消えない、と言われます。そのため一〇万年間の管理が必要になります。これは世代間倫理の観点からすると大変なことです。現在私たちが使っている電力の一部を賄うために、そのゴミを一〇万年にわたって将来世代に残すことになるのですから。

ここに来て、西暦三〇〇〇年の人類に対する配慮、という話が急に現実味を帯びてきました。西暦三〇〇〇年というのは、今から約一〇〇〇年後です。しかし、放射性廃棄物の影響はその一〇〇倍にあたる、★一〇万年後の未来にまで及ぶ話なのです。そこからすると、西暦三〇〇〇年というのは「たかだか一〇〇〇年後」の話にすぎません。しかしそれは平安時代から令和の時代までの期間なのです。一〇万年後というのがいかに途方もない期間かが分かるでしょう。

つまり、西暦三〇〇〇年とか一〇万年後の人類といった「遠い将来世代」への配慮

★
そもそも一〇万年後
の人に、管理を
引きつげるのかな？

を求める世代間倫理は、単なる理論上の問題とは言えないのです。

手引き

1　「遠い将来世代は無視してよい」（190・15）という意見に対して、吉永さんはどのように考えているか、説明してみよう。

2　国連が掲げた一七の「持続可能な開発目標」（ＳＤＧｓ）を参照して、「世代間倫理」が関連しそうなトピックについて、調べたり考えたりしてみよう。

『「ハッピーな部活」のつくり方』
中澤篤史、内田良 著
岩波ジュニア新書、二〇一九年

みなさんにとって「部活」とはどんなものですか？「大好きな時間でとても楽しい」という人もいれば、「好きで始めたはずなのにしんどいな」とか「そもそも部活って必要なのかな」とか、さまざまな人がいそうです。もしかしたら、「部を作ろうと思ったら先生にダメと言われた」なんて人もいるかもしれませんね。

この本は、そんなふうに身近でありながら、さまざまな立場や関わり方がある「部活」について、Q&A形式も織り交ぜながら、基本的な情報を提供してくれます。そのなかには、部活が法的にどのような位置づけなのか、先生たちにとって部活はどのようなものなのかといった、一歩踏み込んだ情報も含まれています。

「ハッピー」になる部活が作れるように、大人も含めて、みなが対等に話せるようになるための一冊です。

『みんなの「わがまま」入門』
富永京子 著
左右社、二〇一九年

『みんなの「わがまま」入門』って、おかしなタイトルですね。「わがまま言うんじゃありません！」と叱られることはあっても、「わがままを言いましょう」と勧められることはあんまりない。それなのに「入門」だなんて、一体どういうことでしょう？

社会運動の研究者である富永さんは、「わがまま」を前向きにとらえます。現状に不満のある人が、どんなところに困っているのか言葉に出して表現することは、よりよい社会を作ることにつながるからです。

世の中にはいろいろな人がいて、「ふつう」なんてものはありそうで、ない。「ふつう」なんてないのに合わせようとして我慢するから、みんないろいろなことに困っています。少しの勇気を出して、「わがまま」を表現してみること。その意味や方法を教えてくれる本です。きっとあなたも、社会を変える一歩を踏み出してみたくなるはず。

『フェイクニュースがあふれる世界に生きる君たちへ――増補新版 世界を信じるためのメソッド』

森達也 著

ミツイパブリッシング、二〇一九年

「メディア・リテラシー」という言葉を聞いたことがあると思います。この本では、映画監督として作品を創ってきた森さんが、メディアとの上手な付き合い方について、根本から丁寧に語ってくれています。

「メディア・リテラシー」というと、騙されないための方法や、自分が情報を発信する側になったときにしてはいけないことの、単なるリストになりがちですが、この本では、実際に起きた社会の出来事を引き合いに出しながら、そもそもリテラシーとは何なのか、メディアの仕組みがどうなっているのか、事実や真実とは何か、といった問題を根本から考えていきます。

現実を良い方向に、もっと多くの人が幸せに暮らせるように変えていくには、自分にとって大切な情報を選び、有益な情報に触れることが必要です。この本はその一歩を支えてくれます。

❖

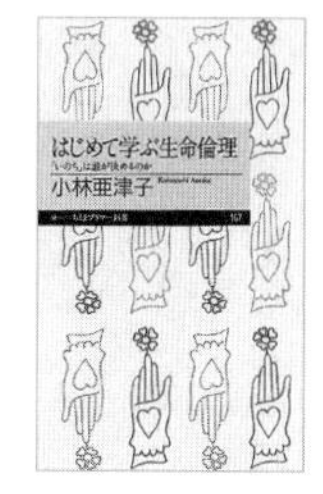

『はじめて学ぶ生命倫理――「いのち」は誰が決めるのか』

小林亜津子 著

ちくまプリマー新書、二〇一一年

病気でもうすぐ死ぬのが避けられない患者を、苦痛から救うために死なせるのは正しいことでしょうか。このような、医療の発達によって生まれたいのちに関する問いを考える学問を「生命倫理学」と言います。

本書は、その生命倫理学の入門書です。患者が子どもで、両親の考えとは食い違っている場合、患者が認知症の場合、そしてまだ生まれていない胎児を母親が中絶したい場合……いずれも、「本人の自己決定」だけで解決しない、さまざまなケースが取り上げられます。その例はどれも具体的で、いのちについての、簡単に答えが出ない問いばかり。読みながらつい真剣に考えこんでしまうでしょう。

中高生のみなさんが、ふだんは向き合わないような、でも心に響く問いがそろった本書。色々な人の立場を想像しながら読んでみてください。読書会などで、他の人と意見交換をしながら読むのもいいですね。

評論と楽しく付き合う4つのコツ

ここまで20篇の「ノンフィクション」を読んできました。同じ「ノンフィクション」でも、「顔ニモマケズ」のように経験や想いを語る文章や、「花の色には意味がある」のように事実を説明する文章もあれば、「友だち幻想」のように主張が論理的に述べられている学問的な文章もあります。

この学問的な文章は「評論」と呼ばれ、高校の国語の教科書ではお馴染みですが、使われている言葉が抽象的で難しく、苦手意識を持つ人も少なくないようです。しかし一見とっつきにくそうな評論も、その付き合い方は他のノンフィクションと地続きの関係にあります。ここでは「ノンフィクション」の一つである「評論」との付き合い方のコツを、少し紹介してみましょう。

コツ1　一般的な見方や思い込みの揺さぶりを楽しむ

評論の書き手は、一般的な見方や、多くの人たちの持つ思い込みに揺さぶりをかけてきます。この点は、ほかのノンフィクションと似ています。どのような見方や思い込みが想定されていて、それに対して書き手がどんなふうに揺さぶりをかけているかを考えながら読んでみましょう。それを意識すると、書き手がどうしてその文章を書こうとしたのか、その動機が見えてきます。

エクササイズ　**次の文章で語られていたことを「実は」という言葉を使って一文でまとめてみよう。**

①クジラと遊ぶ／②ナイチンゲールと統計学／③13歳からのアート思考

答えの例

①クジラという動物に惹かれる理由が、実は人間の持つ好奇心への興味にあった。
②ナイチンゲールの功績は看護学だけではなく、実は統計学にある。
③アート作品は作者の意図ではなく、実は見る側の解釈によって作られる。

コツ2　逆説的発想を楽しむ

「急がば回れ」「負けるが勝ち」などのように、発想を逆転させたり、逆のものどうしを結びつけたりすることで、主張したいことや真実が浮き彫りになることがあります。このような発想は、「逆説的発想」と呼ばれることがあります。「急ぐ」ことと「回り道をする」ことは、本来は矛盾します。でも、この一見矛盾する二つのことが結びつくと、かえってそれが正しくなるという発想です。ノンフィクションや、その中の評論は、この「逆説的発想」で主張を伝えていることがあります。

エクササイズ　**次の文章で語られていたことを「Aだからこそ、かえってB」というフレーズを使って一文でまとめてみよう。**

①国ってなんだろう？／②弱いロボット／③麦わら帽子のへこみ——共感と驚異

答えの例

①自ら境界を作り出したプリンス・レナードとの出会いがあったからこそ、かえって「国」や「ナニジン」といった境界が曖昧なものにすぎないと意識する。
②弱いロボットだからこそ、かえって人との関係や力が引き出される。
③良い短歌は、驚異があるからこそ、かえって多くの人たちの深い共感が得られる。

コツ3　見えないものが見えることを楽しむ

たとえば、いまみなさんが二〇〇年前の米国に住む白人だと想像してみてください。「黒人と呼ばれる人たちを奴隷として扱うのは間違っている」と自信をもって言える人はどのくらいいるでしょうか。おそらく、ほとんどの人が「間違っている」とは答えられないのではないでしょうか。

しかし、そんな時代においても「何かおかしい」と考え、社会を変えようとした先人たちがいます。そのときに力を持ったのが「差別」という抽象概念です。「差別」という概念があるからこそ、そのことを考えたり、議論したりすることができたわけです。

このように抽象概念によって、それまで見えなかったものが見えるようになります。そして、評論は、そうした抽象概念を駆使して、私たちに「見えないものが見える」ようにしてくれるのです。

エクササイズ　**次の文章に使われていた抽象概念を挙げて、どんなことを見えるようにしていたか考えてみよう。**

①体、この不気味なもの／②友だち幻想／③まだ生まれていない人たちの幸せを考える必要があるのか

答えの例

①「アイデンティティ」…自分とは何者なのか、どういう存在なのか、という漠然(ばくぜん)としたことを一言で見えるようにしている。
②「同質的共同性」と「偶然的関係」…教室のなかにおける人間関係の質の違いを見えるようにしている。
③「世代間倫理(りんり)」…まだ生まれてもいない将来の人たちに対しても責任があることを見えるようにしている。

コツ４　複数の文章の関連を見つけて楽しむ

ノンフィクションや、その中の評論は、その時代の雰囲気(ふんいき)や問題意識を反映します。そのため、同じ時代に書かれた文章は、一見無関係そうだったり、違う話題を取り上げたりしていても、似た発想や問題意識でつながることがあります。文章をたくさん読むうちに、そういう共通点に気づくこともあるでしょう。さまざまな文章の「根」をたどり、地中深く流れる水脈にたどりつくと、世界や社会の見え方が変わってきます。

エクササイズ　**次の文章に共通する発想や問題意識はどんなものだろう？**

①国ってなんだろう？／②キリン解剖記／③食べるとはどういうことか／④ジェンダーから自由になる

答えの例

境界、区切りは実はない。

①プリンス・レナードとの出会いを通して、「国」や「ナニジン」といった境界が曖昧なものにすぎないと意識する。

②キリンの筋肉や部位には名前があるが、それを忘れると、キリンにきちんと向き合える。

③食べるということには境界がない。

④男と女やさまざまな文化には、実は境界がない。

4つのコツを意識すると、書き手がどうしてその文章を書いたのか、その動機が見えてきます。4つのコツは、単にうまく読むためのコツではなく、書き手と対話をするためのコツでもあるのです。ノンフィクションや評論を書く動機には、常識と違うことや見えないものの「発見」や、発想の「転換（てんかん）」、他の人たちの見方とのつながりへの「気付き」があります。見た目の難しさの違いはあっても、この点では同じなのです。

この本の読者の中にも、そうした「発見」や「転換」、「気付き」を人と共有したくなり、将来ノンフィクションや評論の書き手になる人が出てくるかもしれませんね。

続く終章では、みなさんの読書生活がさらに広がる提案をしていきたいと思います。

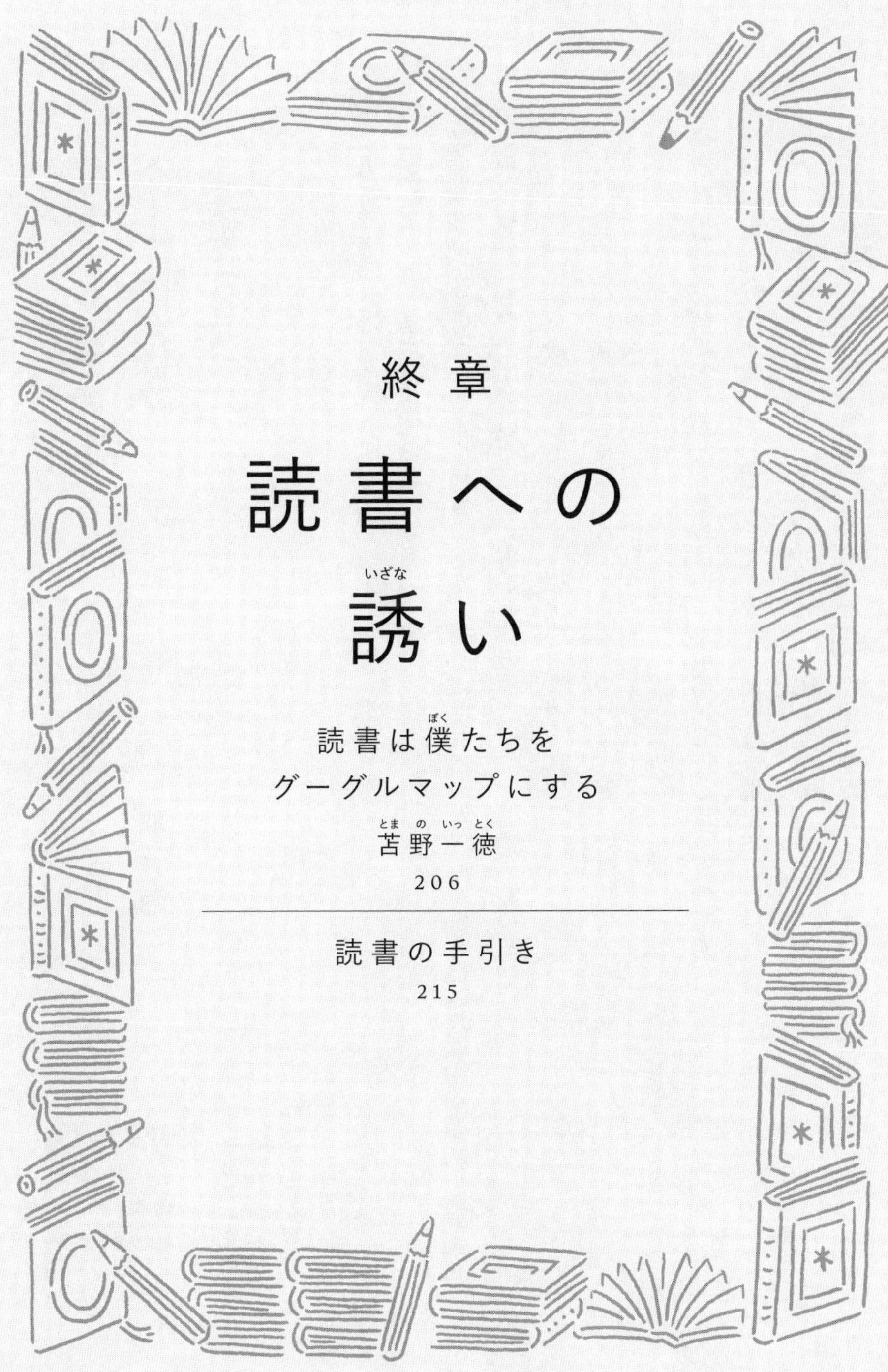

終章

読書への誘（いざな）い

読書は僕（ぼく）たちをグーグルマップにする

苫野一徳（とまのいっとく）

読書の手引き

読書は僕たちをグーグルマップにする

苫野一徳

「読書は僕たちをグーグルマップにする。」

よく、そんなことを学生たちにお話ししています。

特に若いうちは、自分がいったい何者なのか、何者になれるのか、どう生きたいのか、よく分からないものです。いわば、高層ビル群の中で道に迷って、あっちへ行ったりこっちへ行ったりを繰り返しているような状態です。

もちろん、地図のない旅は、それはそれで楽しいものだし、若い頃の特権でさえあります。

でも、それがずっと続くと、わたしたちはいつか息切れしてしまうものです。

そんな時、だまされたと思って、とにかく大量の読書経験を積んでみてほしい。そう、学生たちに伝えています。そうすれば、ある時突然、自分がグーグルマップになって、*1摩天楼群を真上から見下ろし、入り組んだ迷路の全体像が見えてくるから、と。

『未来のきみを変える読書術——なぜ本を読むのか？』をもとにした書き下ろし

苫野一徳（一九八〇年—）、ちくまQブックス、二〇二一年

苫野さんは、子どもの頃から読書が好きで「生きるとは何か」と日々考えていた哲学者。多くの本を読み、書いてきた苫野さんが、みなさんへのメッセージを特別に書き下ろしてくれました。アツく読書、特にノンフィクション読書の魅力と、その具体的な方法を語るこの文章、ここまで読んできたあなたなら、これを片手に自分でノンフィクションの海へ漕ぎ出していけるはずです。

そして、どの道をどう通っていけば、自分の望む地点に到達できるか、おもしろいくらいに見えてくるから、と。それはあたかも、人工衛星から地球を見下ろす、グーグルマップになったかのような気分のはずです。

あるいはこんな言い方もしています。

同じレントゲン写真でも、わたしたちの見るレントゲン写真と、医師の見るそれとがまったく違っているように、大量の読書を積めば、世界の見え方がまるで変わってしまう、と。

「教養を積む」とは、そういうことです。

日本語で〝教養〟と言うと、実生活には大して役に立たないけれど、知っているとちょっとかっこいいたくさんの知識、というようなイメージがあるかもしれません。でも、哲学――物事の〝本質〟を深く考え抜き洞察する学問――の世界では多くの場合、この言葉は、「わたしたちがより自由に生きるための知恵や知識」を意味します。ドイツ語のBildungが、一般に〝教養〟と訳される言葉ですが、この言葉には、わたしたちをより自由にしてくれる、精神的、人格的成長をもたらすものという意味が込められています。さらに、そのことを通して、この社会もまたより自由で幸せなものになるように、という意味も。

1 **摩天楼** 超高層ビルのこと。

クモの巣電流流し

グーグルマップやレントゲンの比喩(ひゆ)に加えて、わたしはよく「クモの巣電流流し」の比喩についてもお話ししています。

クモの巣電流流し？

聞きなれない言葉だと思いますが、これは文字どおり、頭の中に〝教養〟のウェブ、つまりクモの巣状の知のネットワークを張り巡(めぐ)らせ、そこに〝閃(ひらめ)き〟の電流を流すことです。

わたしたちの人生は、いつだって試練だらけです。人間関係がうまくいかなかったり、お金がなくなったり、失恋(しつれん)したり、成績が伸(の)び悩(なや)んだり、ウツになったり、愛する人が亡(な)くなったり……。

でも、そんな苦悩(くのう)の中にあっても、もしわたしたちの頭の中に〝教養〟がクモの巣のように張り巡らされていれば、ある時突然、そのネットワークに一筋の電流がほとばしり、あらゆる知恵や知識や思考が一つにまとまり、人生の難題を解決するための最適解が見出(みいだ)されることがあるのです。

そうか、いま、自分はこんなふうに問題を解決すればいいんだ！　こんな行動に出ればいいんだ！　そんな答えが、突如として閃くのです。

「どんな壁にぶつかったとしても、自分はちゃんと乗り越えられる。」

〝教養のクモの巣〟を手に入れることができたなら、わたしたちはきっと、そんな自信もまた手に入れることができるはずです。

〝教養のクモの巣〟が役に立つのは、人生の苦難の場面だけではありません。わたしのような学者は、日々、自分にとってどうしても解かなければならない切実な問題と格闘しています。

たとえばわたしは、哲学者として「よい教育とは何か、それはどうすれば実現可能か」とか、「よい社会とは何か、それはどうすれば実現可能か」とかいった問題を中心に、「自由とは何か」「幸福とは何か」「愛とは何か」といったテーマにこれまで取り組んできました。

これらは本当にむずかしい問いです。でも、教養のクモの巣が頭の中に張り巡らされていれば、やはりある時、突如として電流がほとばしり、何をどう考えればこの問題が解けるのか、まるで目の前のスクリーンに答えが映るかのように、見えてくることがあるのです。

もちろん、それは偶然の瞬間をただ受動的に待っているわけではありません。クモの巣の中には、電源ボタンもまたあって、「よし、そろそろこのボタンを押したら答えが見えるぞ」というタイミングを、わたしはいつも待ち構えているのです。

読書もまた一つの〝経験〟

いやいや、でもそうは言っても、どんな読書も〝豊かな経験〟にはかなわないでしょ？

そう思った方もいるかもしれません。

たしかにおっしゃる通りです。自らの〝経験〟からこそ、わたしたちは多くを学び取るものです。

二〇世紀のアメリカを代表する哲学者・教育学者ジョン・デューイ[*2]は、「一オンスの経験は一トンの理論に勝る」という有名な言葉を残しています。泳げるようになるためには、どうしたって水の中に飛び込まなければなりません。水泳の理論書だけ読んでいたって、泳げるようにはならないのです。

でもその一方で、次のようにも言わなければなりません。

読書もまた、一つの〝経験〟であるのだと。そしてそれは、わたしたちの直接的な経験を広げてくれる限りにおいて、きわめて〝豊かな経験〟と言うべきなのです。

2 ジョン・デューイ　John Dewey　一八五九―一九五二年。著書に、『学校と社会』『民主主義と教育』『哲学の再建』など。

わたしたちが直接経験できることは、残念ながらごくわずかにすぎません。自分が生まれた国や地域や置かれた環境に、わたしたちは経験も思考も多かれ少なかれ限定されて生きています。どれだけ世界中を飛び回っている人も、この世界の何もかもを見聞きすることなどできません。

でも、もし望むならば、わたしたちはそんな直接経験の世界を読書によって広げることができるのです。

水泳の理論書だけを読んでいても、たしかに泳げるようにはなりません。でも、もしわたしたちが、もっと速く、また上手に泳ぎたいと願うなら、その理論書を読む経験は、まさに直接経験を拡張してくれる〝豊かな経験〟になるに違いないのです。

もう一点、直接経験については注意しておきたいことがあります。

豊かな直接経験は、たしかに何ものにも代えがたい貴重なものです。でもその経験こそが、時にわたしたちの視野を狭めてしまうこともあるのです。

たとえば、みなさんが運動部に所属していたとして、その顧問の先生だったり監督だったりが、「自分はこの練習方法で、若い時に地域大会優勝を成し遂げたんだ。だからみんなにもこの練習をみっちりやってもらう」なんて言ったとしたらどうでしょう？

もちろん、それがうまくいく場合もあるでしょう、でもその練習方法は、もしかしたら、たまたまその先生に合っていただけなのかもしれません。いまの中学生や高校生には通用しないかもしれないし、そもそも、その先生にとってだって、もっといい練習方法があったかもしれないのです。

このような考え方を、わたしは「一般化のワナ」と呼んでいます。自分が経験したことを、まるですべての人にも当てはまることであるかのように、過度に一般化してしまう思考のワナです。

このような「一般化のワナ」は、日常生活のいたるところに潜（ひそ）んでいます。「学校の先生なんてみんな○○だ」とか、「これだから男（女）は□□なんだ」とか、「日本人は△△だ」とかいった言い方も、文脈によっては「一般化のワナ」に思い切り陥（おちい）ってしまった言い方です。自分がこれまでに出会ったり見聞きしたりした先生、男性（女性）、日本人の例を、すべての先生、男性（女性）、日本人に当てはまることであるかのように、過度に一般化してしまっているのですから。

読書は、そんなわたしたちの視野をうんと広げる役割を果たしてくれます。少なくとも、自分の経験を超（こ）えた世界をたくさん知ることで、安易な一般化は慎（つつし）めるようになるはずです。先の部活の監督も、スポーツ指導の最新研究について書かれた本を何冊か読めば、自分の経験を過度に一般化することはなくなるかもしれません。

もちろん、読書のせいで頭でっかちになって、ますます「一般化のワナ」に陥ってしまうなんてことも、ないわけではないかもしれません。

でもそれは、たぶん、むしろ読書の量や深さがまだ足りていないからなのです。

読書によっていくらか知識が豊富になると、わたしたちはついつい、物知り顔で人に何かを語りたくなってしまいます。でも本当は、その知識はひどく断片的だったり、表面的なものだったりもするのです。読書を積む過程で、かえってその断片的な知識を一般化してしまってはいないか、わたしたちは十分自覚的である必要があるでしょう。

古代ギリシアの哲学者ソクラテス[*3]に、「不知の自覚」（無知の知）という有名な言葉があります。わたしは、自分がまだ何も知らないということを知っている。そうソクラテスは言いました。

読書は、たしかにわたしたちをグーグルマップにしてくれます。頭の中に、教養のクモの巣を張り巡らせてくれます。

でも、読書経験を積めば積むほど、この世はまだまだ知らないことだらけ、わからないことだらけだということにも、わたしたちは否応（いやおう）なく気づかされるはずです。

そんな「不知の自覚」の謙虚（けんきょ）さを、わたしたちは忘れてはならないでしょう。

3 **ソクラテス** Sokurates　前四七〇?—前三九九年。よく生きることを求め、対話によって相手に自らの無知を自覚させ、真の認識に到達させようとした。

「先生、最近、僕、グーグルマップになってきました！」

そんなことを言ってきてくれる若者たちが、年に何人かいます。

読者のみなさんの中からも、そんなことを言ってきてくれる仲間が現れることを、わたしはとても楽しみにしています。

読書の手引き

本へのたどり着き方

これまで紹介してきた本をきっかけにして、みなさん自身が新しい本と出会ってくれることが、編者の願いです。最後に、みなさん自身が、自分の興味関心に合った本を手に取るための道標をいくつか示したいと思います。

1　読みたい本のタイトルや著者が決まっているとき

図書館にも書店にも、たいてい自宅から検索できるシステムがあるでしょう。まずはそれで検索してみましょう。複数の図書館の所蔵を確かめたいときには、「カーリル」（https://calil.jp/）という便利な検索サイトもあります。

最寄りの図書館にない場合でも、同じ自治体の図書館であれば希望する場所で受け取ることができます。また、貸出中の場合も、ネットや電話で予約ができますし、所蔵していない本を他の自治体から取り寄せることもできます。

2　読みたい本が決まっていないとき

①人を頼る——図書館司書や身近な人たち

たとえば『友だち幻想』のような、日ごろ当たり前だと思っているものの見方や考え方を変えてくれるような本が読みたいというように、漠然とした希望があるときは、検索で本と出会うのは難しいでしょう。こんなふうに、明確な目的が決まっているわけではないけれどこんな本を読んでみたいという要望があるときは、地元や学校の図書館にいる司書さんに相談すると良いでしょう。

図書館の司書は、いわば本の専門家。漠然とおすすめの本がないかを訊ねてみるだけでも、思いもよらない出会いがあるかもしれません。また、司書さんのような専門家だけではなく、自分にとって大切な人や信頼できる人（友だちや家族、先生など）に訊いてみるのもよいでしょう。

②空間を知る――図書館と書店

「本と目が合う」という表現があります。目的もなく入った本屋で、タイトルや背表紙が目に留まり、思わず手にとってしまう――そんな経験です。作家の角田光代（かくたみつよ）さんは、短編集『さがしもの』のあとがきで、「本は人を呼ぶ」とも語っています。本のある場所のことをよく知ると、「本に呼ばれる」可能性が高くなります。

◆図書館

学校や地元の図書館には書棚（しょだな）がたくさんありますね。その間を「散策」してみましょう。

図書館の本は、その内容に応じて「十進分類法」（下図）によって分類されています。たとえば、植物に関心があれば4番（自然科学）の棚にある47で始まる本に、映画に関心があったら7番（芸術・美術）の棚にある77で始まる本に目を向けてみます。なんとなく歩くのも良いですが、こんなふうに本棚や背表紙にある番号に導かれるのも楽しいものです。

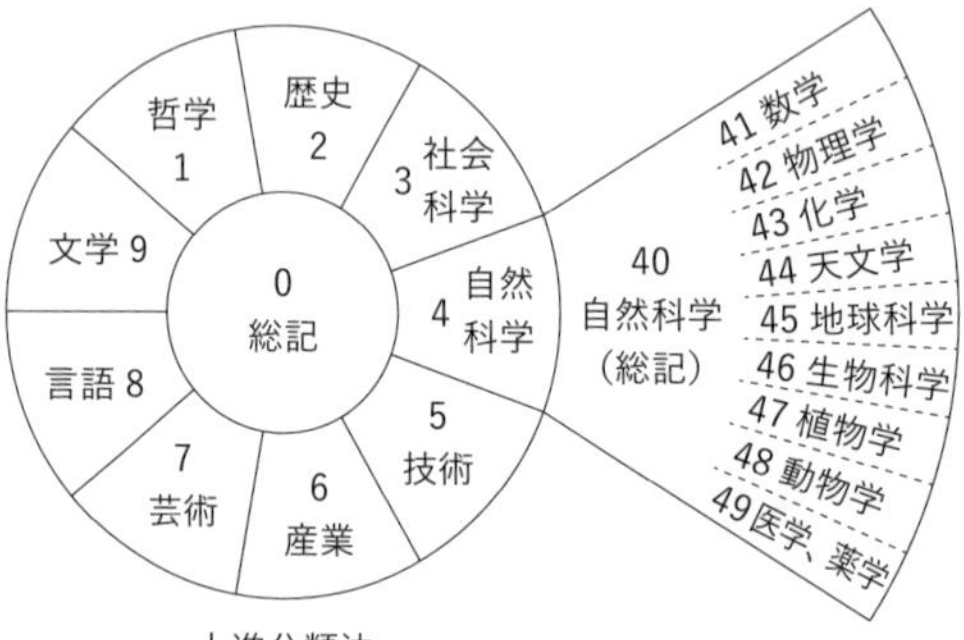

0 総記
哲学 1
歴史 2
3 社会科学
4 自然科学
5 技術
6 産業
7 芸術
言語 8
文学 9
40 自然科学（総記）
41 数学
42 物理学
43 化学
44 天文学
45 地球科学
46 生物科学
47 植物学
48 動物学
49 医学、薬学

十進分類法

◆書店

書店にも個性があります。みなさんがよく行く書店は、どんなふうに本を並べているでしょうか。たいていは、内容ごとに分類されていたり、「文庫」「新書」といった判型（本のサイズ）に応じたコーナーがあったりするのではないでしょうか。

他方、並べ方にこだわりのある書店もあります。たとえば、あるテーマやキーワードに沿った本をジャンルや判型にこだわらず並べている書店もあります。また、有名な著者や書評家が選んだ本が並べられている棚もあったりします。自分がつい手をのばしたくなる並べ方をしている書店を探すのも楽しいものです。

③ネットを活用する――選書サイトや書評サイト

気軽に図書館や書店に足を運べない地域の人たちにとって、インターネットは心強い味方です。たとえば、

「新書マップ」（https://shinshomap.info/）のように、選書を手助けしてくれるようなサイトがあります。キーワードの連想検索によって星座早見盤のようなマップが動いたり、背表紙の並んだ本棚が画面上にあらわれたりして、検索するだけで楽しいサイトです。インターネット上には、たとえば「HONZ」（https://honz.jp/）や「好書好日」（https://book.asahi.com/）のような書評サイトもあります。さまざまな書評を読んでいるうちに、関心や好みの合う書評家に出会えるかも知れません。

読書で人とつながる

読書の楽しみは、読む時だけのものではありません。一人で本の世界に潜り、ひたるのも良いけれど、そこから出てきた後に、自分の読書体験を誰かと分かち合う喜びも最高です。好きな音楽やアニメや推しキャラについて他の人に話したことがある人は、きっと少なくないはず。そんなふうに、本で他の人とつながってみませんか。

特におすすめなのが「読書会」を開くこと。一冊読み通した後にまとめてやるか、または章ごとに、他の人とおしゃべりするのです。好きな所や面白い所だけでなく、著者への反論や疑問も大歓迎。わからない所もどんどん周りに聞いていきましょう。たいていの読書会は、途中から脱線して自分たちの話になるもの。大いに脱線しつつ、本を通じたおしゃべりを満喫できたら大成功です。

読書会なら直接または、パソコンやスマホの画面ごしにおしゃべりするのが一番ですが、全員の都合が合わない場合もありますね。そういう時は、文章での読書会もできます。全員でクラウド上に一つのファイルを共有してそこに感想を投稿し、他の人の感想に反応を書き込む形式で進めていくのです。おしゃべりの楽しさは減りますが、じっくり考えたり、意見交換をしたりするには、こちらの方が向くのが強みです。

また、今は本の感想をSNSで発信するのも簡単にできる時代。TwitterやInstagramなどでは多くの人が自分が読んだ本の感想やレビューを投稿しています。もう少し本格的なものだと、「読書メーター」（https://bookmeter.com/）「ブクログ」（https://booklog.jp/）など、自分の読書記録を公開して、お互いにコメントできるサービスもあります。

さまざまな形で人とつながることで、読書の楽しみは何倍にもなります。ぜひあなた自身の読書生活を楽しく作っていってくださいね。

芋づる読書

ある本を読んで面白いと思ったら、そこから芋づる式に次に読む本を探すことができます。たとえば、同じ著者が書いた本。同じ話題やテーマの本。文中で引用されていたり、参考文献リストに載っていたりした本。同じシリーズやレーベルの本。中高生向けのノンフィクションレーベルについては220ページで紹介しているのでご参考に。

芋づる式の読書、芋づる読書。絵に描いて記録してみるのも楽しいです。次のページのイラストは、芋づる読書の一例。一つの芋が一冊の本で、いろいろなつるでつながっています。

たとえば、第一章の上橋菜穂子「物語ること、生きること」から出発して、どんな芋づるを伸ばせるでしょうか？　同じ著者の本を読もうと思ったら、小説作品の『獣の奏者』や『守り人』シリーズはもちろん、ノンフィクションの『隣のアボリジニ』（ちくま文庫）を読んでみるのはどうでしょう。キュリー夫人の話が出てきましたので、偉人つながりで、ナイチンゲールを紹介している第二章の瀧本哲史『ミライの授業』を読んでもいいですね。「物語ること」というテーマつながりでは、やはり小説家である小川洋子の『物語の役割』（ちくまプリマー新書）と読み比べてはいかがでしょうか。そこからさらに創作論として第三章「麦わら帽子のへこみ――共感と驚異」が収録されている穂村弘『短歌という爆弾』を読んでもいいですし、小川洋子の小説作品『博士の愛した数式』（新潮文庫）を経由して、数学の本、たとえば吉田武『はじめまして数学 リメイク』（東海教育研究所）で完全数や友愛数のことを学んでみるのも面白いかも。

本は孤独に一冊だけ存在しているわけではなく、知的なネットワークを形成しています。そのつながりを自分なりにつかまえて、ずるずると芋づる式に引っ張りだしてみましょう。

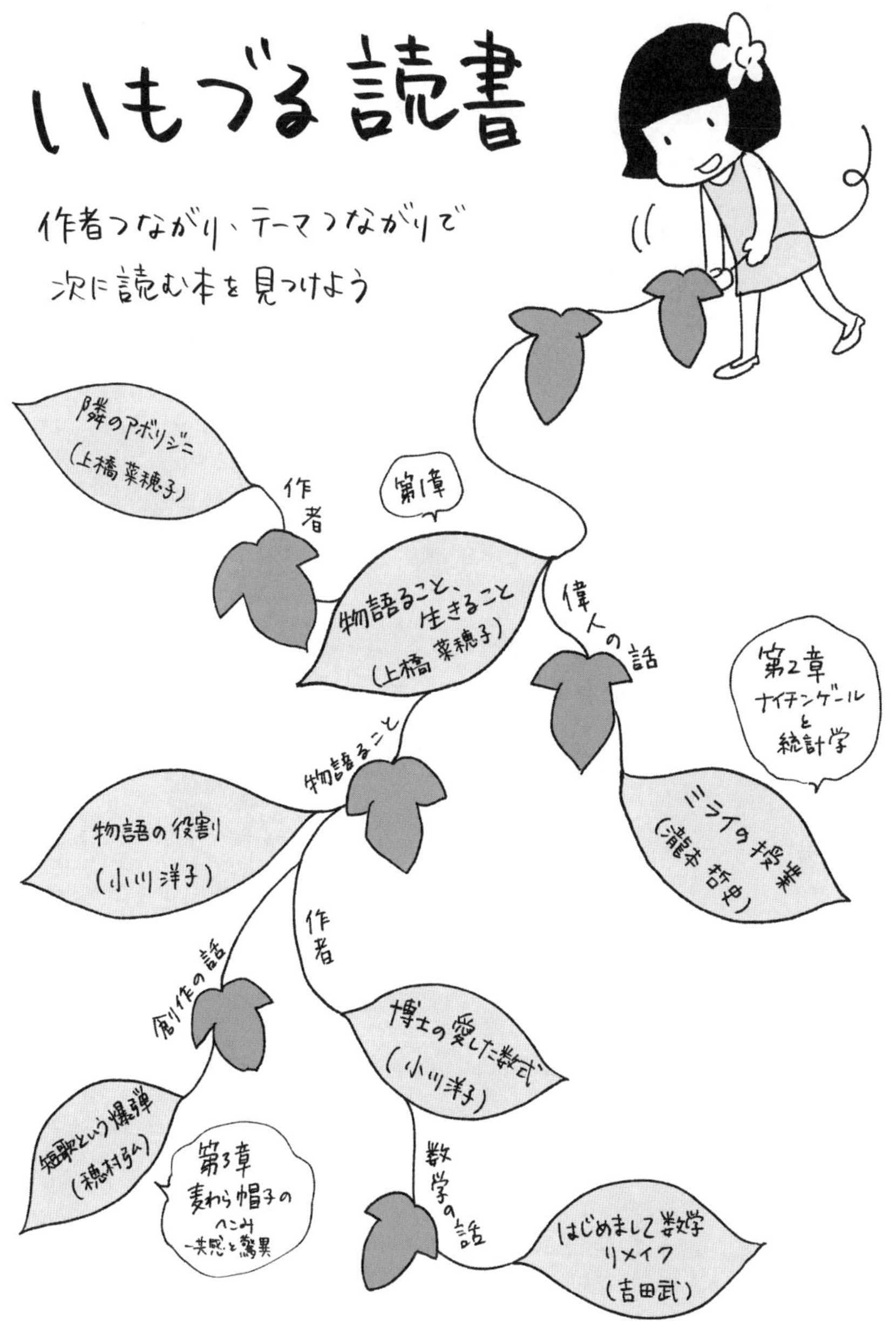
いもづる読書
作者つながり、テーマつながりで
次に読む本を見つけよう
隣のアボリジニ
(上橋菜穂子)
作者
第1章
物語ること、生きること
(上橋菜穂子)
偉人の話
第2章
ナイチンゲール
と
統計学
物語ること
ミライの授業
(瀧本哲史)
物語の役割
(小川洋子)
作者
創作の話
博士の愛した数式
(小川洋子)
短歌という爆弾
(穂村弘)
第3章
麦わら帽子の
へこみ
-共感と驚異
数学の話
はじめまして数学
リメイク
(吉田武)

図解！中高生向けノンフィクションレーベル

このへんからスタート

とにかくうすい!!

文字大きめ・行間広め

岩波ジュニアスタートブックス（岩波書店）

ちくまQブックス（筑摩書房）

最近出たシリーズ！

15歳の寺子屋（講談社）

小学生でも読めて大人にも面白い！

ポプラ社ノンフィクション（ポプラ社）

世の中への扉（講談社）

いいねー

つぎは何読む？

よりみちパン!セ（新曜社）

14歳の世渡り術（河出書房新社）

新書入門！

岩波ジュニア新書

字はまあまあつまってるかも

ちくまプリマー新書

ちょっとせのびの話題もあるよ

中学生の質問箱（平凡社）

問いに答える形式

理系の話題

岩波科学ライブラリー

うすい！

講談社ブルーバックス

ほぼ新書サイズ

好きな話題なら

ここまで来れば大人向けの新書もイケるよ

自分が面白いと思えるかどうかが大事だね

つまんなかったらやめればいいし

一般向け（オトナ）新書レーベル

岩波新書

ちくま新書

講談社現代新書

中公新書（中央公論新社）

「新書」とは文庫（A6）をタテに少しのばしたサイズの本のことだよ！

他にもたくさん!! いろいろある。

おわりに

ここまで（あるいはここから？）読み進めてきたみなさん、「読んでみる」というあなたの選択が、この本を一冊の本として完成させてくれました。どうもありがとう。

読んでみて、どうだったでしょう。ノンフィクションにひそむ、驚きと不思議に満ちた「物語」に、出会えましたか。たとえば、国をつくってしまったおじいさん、「食べるってどういうこと？」という問い、「思いやり」はクセモノだという主張。なんと西暦三〇〇〇年の人々にも配慮すべきだ、と主張した著者もいましたね。それらの文章のいくつかは、これまでのあなたにはなかった、新しいものの見方を差し出してくれたと思います。

見えないものを、見る。

見えている世界を、変える。

ノンフィクションの魅力は、その点にあります。ある文章を読み、新しい考え方や言葉の使い方に出会う。そしてまた日常世界に戻ると、それまで見えなかったものが見えてきたり、見え方がちょっと変わってきたりする。ノンフィクション読書の旅は、そうやって日常にも続きます。

この本の編者三人（澤田・仲島・森）は、国語科の教員です。私たちは、説明文や評論を読む楽しさを身をもって感じる一方で、多くの中高生が、学校や塾で「問題を解く」形でしかこれらの文章に出会っていないこと、また、読み慣れない論の運びや語彙に戸惑っていることも知っていました。そして、楽しみのために本を読むという「当たり前」が、ノンフィクションではなかなか見られないことを、残念に思っていました。若いみなさんが、説明文や評論を含めて広くノンフィクションと仲良くなるための本を作れないか。この本は、そんな思いから生まれました。

この本には、読む助けになる「手引き」やイラストもついていますが、大人のお節介は無視して、好きなところから、好きなように読んでもかまいません。楽しんで読んでいたら、「読む力」は自然とついてきます。そして、興味のある話題があったら、紹介文や著者名などをたよりに、あなたの読書の世界を広げてください。もちろん、本書には泣く泣く掲載できなかった本もたくさんあります。「読書の手引き」を参考に、新たな出会いを探しにいきましょう。

ノンフィクションを読む喜びが、若いみなさんのこれからの生活と、どこかでつながっていますように。この本が、その小さな後押しになることを願っています。

主人公

文月悠光（ふづきゆみ）

あなたがわたしを見つけてくれたとき、
決めたのです。
あなたに読まれるときだけ、
わたしは生きていこうと。
ページを手繰（たぐ）る手のひらの熱が
一杯（いっぱい）の赤ワインのように
この身体に染（し）み渡（わた）っていく。
ひそやかに読み上げてください、
わたしの示す文字の一つ一つを。
ひとたびわたしを開いたなら
どんな出来事だって遠くなる。
さようなら、現実。

電車に揺(ゆ)られているとき、
シャワーを浴びているとき、
ベッドの中で目を閉じるとき、
あなたに絶えず語りかけます。
それがわたしという
一冊に与(あた)えられた使命だから。

わたしを読むあなた自身の胸の内、
読み解くことはできないけれど
鮮(あざ)やかな結末にきっと驚(おどろ)くことでしょう。
満ち足りたため息で
わたしをさらに温めてくれるでしょう。
ここからはもう
文字で辿(たど)ることのできない物語。
ごらん、主人公はあなた。

『わたしたちの猫(ねこ)』
文月悠光（著）、ナナロク社、
二〇一六年

【編者】
澤田英輔　（さわだ・えいすけ）　軽井沢風越学園教諭
仲島ひとみ　（なかじま・ひとみ）　国際基督教大学高等学校教諭
森大徳　（もり・ひろのり）　筑波大学附属駒場中・高等学校教諭

【図版協力者】（敬称略・数字は掲載ページ）
水口博也……… 21　近藤雄生……… 37　末永幸歩…… 68
白石正明……… 74　郡司芽久……… 97　冨樫東正…… 130
【イラストレーション】仲島ひとみ

読む力をつけるノンフィクション選
中高生のための文章読本

2022年10月15日　初版第1刷発行
2024年4月25日　初版第5刷発行

編　者　澤田英輔・仲島ひとみ・森大徳
装　幀　鈴木千佳子
発行者　喜入冬子
発行所　株式会社筑摩書房
東京都台東区蔵前2-5-3　〒111-8755
電話　03-5687-2601（代表）
印刷・製本　大日本法令印刷

ISBN978-4-480-91743-0　C7095